Herzlichst,
Christin Nintge-G.
+ Peter [illegible]

22/5/92

Über dieses Buch

Nie mehr allein...

Heiratsanzeigen werden von Millionen gelesen (aus Vergnügen an den teils witzigen, teils aberwitzigen Selbstanpreisungen). Heiratsanzeigen werden studiert (mit dem Gedanken, darauf zu antworten oder selbst zu inserieren). Heiratsanzeigen werden aufgegeben (von Mutigen, die ihre Haut auf den Markt der Sehnsüchte tragen).

Hier berichtet ein Mann,
- wie er auf sein Heiratsinserat zweihundert Zuschriften erhielt –
- wie er sich ganz schön komisch vorkam –
- wie er auf die Zuschriften reagierte, sie selektierte und was dabei herauskam –
- wie es zu den ersten Kennenlerntreffs kam, und was dabei passierte –
- wie schließlich ziemlich schnell die Entscheidung fiel, die ihn seit acht Jahren glücklich mit seiner Frau zusammen leben läßt.

Neben der Schilderung seiner erfolgreich verlaufenen Partnersuche gibt der Autor Tips für die Formulierung optimaler Heiratsanzeigen, denkt über das Problem der Anmache nach und beweist, daß eine Heiratsanzeige die beste Lösung des Problems ist.

Über den Autor

Christian Nürnberger-Gerster, ein bekannter Journalist, war früher Redakteur bei der Frankfurter Rundschau und bei Capital, später Textchef bei highTech, jetzt Hausmann, Vater und freier Autor.
Seit seiner Annonce in der ZEIT vor acht Jahren ist er mit Petra Gerster verehelicht (glücklich!). Seine Frau ist Moderatorin im ZDF-Frauenjournal ›Mona Lisa‹.

Christian Nürnberger-Gerster

My First Lady

Liebe per Inserat und die Folgen

Fischer Taschenbuch Verlag

11.–20. Tausend November 1990

Originalausgabe
Veröffentlicht im Fischer Taschenbuch Verlag GmbH,
Frankfurt am Main, November 1990

Umschlaggestaltung: Friederike Simmel, Frankfurt am Main
Gesamtherstellung: Clausen & Bosse, Leck
Printed in Germany
ISBN 3-596-10474-2

Für Petra, ohne die dieses Buch viel schneller fertiggeworden wäre,
andererseits gar nicht hätte geschrieben werden können.
Und für Mutter und Schwiegermutter, die sich nun das Gerede
der Leute anhören müssen.
Und schließlich für Livia, die erste der geplanten sieben Töchter,
die ungefähr zeitgleich mit diesem Buch entstand.

Vorwort

Im April 1982 konnte man auf der Heiratsanzeigen-Seite der Wochenzeitung ZEIT auch diese hier finden:

> Der Engländer Patrick Moore hatte es satt, sich jeden Morgen an- und abends wieder auszuziehen.
>
> *DARUM NAHM ER EINEN STRICK UND ERHÄNGTE SICH.*
>
> Mir geht's ähnlich, aber meine Konsequenz daraus ist noch radikaler: Ich werde heiraten. Und zwar eine Frau, die mir morgens die Klamotten so auf den Tisch legt, daß ich nur hineinzuschlüpfen brauche. Bügeln und waschen tu' ich sie selber. Die Frage ist nur: Wer will mich? Bin ein geborener Bauernbub, gelernter Physiklaborant, ausgebildeter Bundeswehroffizier, erfahrener Kellner, Barkeeper und Lastwagenfahrer, studierter Philosoph und Theolog, jetzt 31, Redakteur bei überregionaler Tageszeitung und auch sonst ein ziemlich hoffnungsloser Fall. Ich lese zu viel, bewege mich zu wenig, bin harmoniesüchtig und neige zur Eigenbrötlerei. Früh übte ich den Umgang mit der Mistgabel, später kam die Bohrmaschine hinzu, gegenwärtig ist's der Kochlöffel, alles mit bescheidenen Erfolgen. Bescheiden sind auch die Hoffnungen, die ich noch aus meiner APO-Vergangenheit mit herumschleppe. Ich bin nicht mehr links, deswegen noch lange nicht rechts und erwarte mir auch von den Grünen keine Wunder. Die erhoffe ich mir eher von einem gefühlvollen, sanftmütigen Weib, das recht hübsch und ruhig ein bißchen mollig sein und im übrigen jede Weltanschauung vertreten darf, wenn sie ihr nur kritisch und verständig genug gegenübersteht und wahrhaftig ist. In dem Abenteuer Ehe sollte sie nicht ein Mittel zur Selbstverwirklichung, sondern einen Dienst sehen, den man einander erweist. Der Diener ist 1,76/75, schwarzhaarig, vorzeigbar und wohnt in Frankfurt, Bildzuschriften erreichen mich unter
>
> ZV 2763 DIE ZEIT, Postfach 106820, 2000 Hamburg 1

Die war von mir.

Und mit der hat es tatsächlich geklappt.

Ich habe zwar nicht bekommen, was ich wollte, denn was ich bekam, war überhaupt nicht sanftmütig, gab sich äußerst zänkisch, dachte nicht daran, mir die Klamotten zurechtzulegen, stellte unvertretbare Forderungen und nahm mir meinen Namen weg. Aus unerfindlichen Gründen schenkte ich ihr trotzdem meine Liebe, was sie mit der Zeit dann doch noch ziemlich milde stimmte, und für die Klamotten haben wir inzwischen Anja aus Polen.

Wie ich die Frau meines Lebens aus den rund 200 Interessentinnen heraussiebte, wollte ich gleich in dem Moment beschreiben, als wir uns gegenseitig erobert hatten. Doch das weise Weib, das sie damals schon gewesen ist, redete es mir aus und argumentierte: »Warte damit. Es macht viel mehr Eindruck, wenn man auch sagen kann, daß die Sache die Zeiten überdauerte.«

Seitdem sind acht Jahre vergangen, genug, um jetzt zu erzählen, daß man auch »auf diesem nicht mehr ungewöhnlichen Wege« tatsächlich sein Glück finden kann.

Kapitel 1

Ich gebe zu, daß meine Hand ein bißchen zitterte, als ich den dicken Packen aus meinem Briefkasten holte und oben in meinem Appartement öffnete. Siebzehn Briefe quollen aus ihm heraus, siebzehn Zuschriften von Frauen, die mich kennenlernen wollten, um herauszufinden, ob ich vielleicht derjenige sei, mit dem sie einmal ins Altersheim gehen möchten. Drei Tage später kam wieder so ein Packen. Diesmal enthielt er mehr als zwanzig Briefe – im knallroten Kuvert, im tiefblauen, in schlichtem Weiß, in Grün und in Braun, im Umweltschutzpapier, als Postkarte und im Selbstgemachten aus herausgerissenen Illustriertenblättern.

Nach weiteren vier Tagen lag ein dritter, noch dickerer Packen im Briefkasten und in der Folgezeit ein vierter und fünfter mit noch mehr Zuschriften. Ab dem sechsten wurden es weniger, und mit dem neunten war Schluß.

»Sehr geehrter Inserent«, »Hallo Du«, »Lieber Barkeeper«, »Lieber Physiklaborant, bäuerlicher Philosoph und Redakteur«, »Mann o Mann«, »Hallo hoffnungsloser Fall«, »Sie radikaler Diener«, »Lieber großer Junge«, »Sie Lebensmüder«, »Lieber heiratswütiger Mann«, »Sehr geehrter Herr Postfach 106820«, »Hallo Mr. Moore«, »Verehrter Sir Patrick«, »Salve schwarzhaariger Diener«, »...« – so schallte es mir aus dem ganzen Bundesgebiet, aber auch aus Paris und Amsterdam, aus Rom und Jerusalem, und natürlich aus Frankfurt und Umgebung entgegen, und die Botschaft lautete: Es ist ja ziemlich verrückt und unwahrscheinlich, aber schreib' mir trotzdem, vielleicht bist Du ja doch der, den ich schon so lange suche.

Schon beim Öffnen des vierten Packens haben die Hände nicht mehr gezittert, sondern die Briefe routiniert auf die sechs Häufchen verteilt nach dem Schema: »O ja«, »Vielleicht«, »Eher nicht«, »ohne Foto«, »Freundlich absagen« und »gleich retour«.

Die letzten Nachzügler tröpfelten ein, als ich die ersten Rendezvous schon hinter mir, eine Menge Fotos zurückgeschickt und aufgehört hatte, die Briefe zu zählen. Es werden wohl zwischen hundertfünfzig und zweihundert gewesen sein. Eine der vielen Schreiberinnen von damals ist heute meine Frau.

Die Briefe liegen jetzt in einer Truhe, die im Keller langsam verstaubt. Ein paar Fotos sind auch noch dabei. Die konnte ich nicht zurückschicken, weil einmal durchs geöffnete Fenster ein Windstoß hereingefegt kam und alles durcheinanderwirbelte. Beim Wiederherstellen der Ordnung gelang mir nicht, jedes Foto dem richtigen Brief zuzuordnen.

Noch nie fühlte ich mich so gefragt wie damals. Ärztinnen, Psychologinnen, Sozialpädagoginnen, Theaterwissenschaftlerinnen, Lehrerinnen mit und ohne Planstelle, Studentinnen und Doktorandinnen aller Fakultäten begehrten meine Bekanntschaft, auch eine Opernsängerin war dabei, dazu auffallend viele Kreative aus Frankfurter und Düsseldorfer Werbe- und PR-Agenturen, und naturgemäß Theologinnen, Journalistinnen und studierte Bauernmädel.

»Es ist das erste Mal, daß ich so etwas mache«, beichtete mir eine Jungpfarrerin aus der Lüneburger Heide mit ziemlich nervösem Gekritzel auf grauem Umweltschutzpapier. Und sie fühle sich gar nicht wohl dabei.

»Trösten Sie sich«, antwortete ich der Seelenhirtin aus der Heide, »auch bei mir ist es das erste Mal. Früher oder später stößt eben jedem alles zu. Der liebe Gott achtet auf Vollständigkeit.«

Was jedoch bei so einer Premiere zu tun und unterlassen ist, sagt einem weder der liebe Gott noch Heynes Ratgeberbibliothek. Ich weiß heute nicht mehr warum, aber ich hatte damals ungefähr dreißig Zuschriften erwartet, von denen vielleicht drei oder vier brauchbar sein würden. Die Flut aber, die über mich hereinbrach, überforderte mich.

Es ist ja nichts geregelt. Kein Benimmbuch hilft mir aus der Verlegenheit. Beantworte ich alle Briefe oder nur einige? Gebe ich mich jeder, die schrieb, zu erkennen, oder nur denen, die ausführlich über sich erzählten und sich viel Mühe machten? Genügt es, die Fotos zurückzuschicken, oder muß ich auch die Briefe zurückgeben? Rufe ich jene an, die um einen Anruf baten, oder schreibe ich ihnen lieber erst einmal?

Mit wem und mit wie vielen treffe ich mich in welcher Reihenfolge wo und unter welchen Umständen? Was erzähle ich der dreizehnten über ihre zwölf Vorgängerinnen, und was antworte ich auf ihre Frage, wieviel Dutzend ich denn noch treffen will? Es herrscht die totale Gestaltungs-Freiheit, und die entpuppt sich nun als totaler Gestaltungszwang. Konventionen, sonst verschmäht und verachtet – hier wird ihr Fehlen zur Last.

Und doch war es eine schöne Last. Und weil es so schön war, tat ich zunächst mal gar nichts, außer, daß ich die 32 Briefe des Häufchens mit der »ersten Wahl« immer und immer wieder las, eine Rangordnung innerhalb des Briefstapels herstellte, sie wieder änderte, die Fotos genau anschaute, und mir die Gesichter und die Handschriften einzuprägen versuchte, so lange, bis ich jedes Foto dem richtigen Brief zuordnen konnte. Dann kürte ich zwölf Favoritinnen und kam so zu einem sechsten Häufchen der »allerersten Wahl«.

Immer noch elf zu viel. Soll ich noch weiter selektieren? Vielleicht sortierst du dein Glück aus? Vielleicht hast du es bereits aussortiert? Also noch einmal die anderen 20 Briefe gelesen. Unsicherheit beim dritten, sechsten, elften. Auch die anderen Briefe in den übrigen Stapeln noch einmal gelesen, Zweifel bei dieser und jener, die Rangordnung ein wenig geändert, die Zahl der Favoritinnen auf vierzehn erhöht. Unsicherheit beim Versuch, auch innerhalb der vierzehn Auserwählten eine Rangordnung herzustellen. Beschluß: Entscheidung vertagen, in die Stadt gehen, neue Klamotten kaufen und das neue Hochgefühl genießen – das Hochgefühl des Paschas, dem ganze Heerscharen weiblicher Bewerberinnen zu Füßen liegen und um Erhörung flehen.

Tagelang lief ich einfach nur in den nagelneuen Klamotten herum, ohne auf die Avancen zu reagieren, nicht, weil ich in bewußter Grausamkeit die Spannung bei den Bewerberinnen erhöhen wollte, sondern weil ich viel zu aufgeregt war, um mich klar über das weitere Vorgehen entscheiden zu können und weil ich das Hochgefühl auskosten wollte, dieses Wohlbehagen des nicht mehr ganz taufrischen Jünglings, den blitzartig die Erkenntnis überrascht: Mensch, du bist ja noch begehrt!

Dieses neue Gefühl ging vom Auskosten nicht zur Neige, sondern steigerte sich noch, als es zu den ersten Treffs mit den Favoritinnen kam. Denn es waren tolle Frauen darunter, starke Frauen, intelligente, kluge, witzige und, wie ich später merken sollte, zärtliche und erotische, weshalb ich mit der Zeit immer mehr bedauerte, nicht schon früher inseriert zu haben.

Wenn man mal die Dreißig überschritten hat, dann, so bin ich heute überzeugt, ist diese Art des Kennenlernens die befriedigendste, interessanteste und zugleich spannendste. Insgeheim hoffte ich damals, es möge die Richtige noch nicht dabeisein, damit ich es vielleicht noch einmal machen könnte. Aber so, wie es dann gekommen ist, war es noch besser.

Kapitel 2

Es war ein richtiger Push, der meine Lage schlagartig veränderte. Wenige Tage zuvor, an einem jener kritischen Sonntagnachmittage, an denen die Freiheit des Singles in die Einsamkeit des Übriggebliebenen umschlägt und Melancholie sich des ganzen Kerls bemächtigt, war es noch ganz anders.

Ich hatte gerade meinen 31. Geburtstag gefeiert, allein in meinem Single-Appartement in Frankfurt-Sachsenhausen, wo ich erst wenige Monate lebte. Dies sollte der letzte einsame Geburtstag sein, hatte ich mir wieder einmal gesagt, wie schon beim 30. und 29. auch, wie an den letzten zwei oder drei Weihnachten und Silvesternächten.

Freilich, wenn dann die kritischen Tage vorbei waren, gefiel ich mir wieder in der Attitüde des lonely riders, spielte ich, wie gehabt, meine Rolle des einsamen Wolfes, der die Freiheit, die Unabhängigkeit braucht. Solange die anderen das glauben, ist der Zustand auszuhalten.

Aber irgendwann wirst du eingeladen und lehnst es ab, dich dazu zu zwängen, weil die vielen Pärchen dort dein Gefühl des Alleinseins nur verschlimmern, und weil du plötzlich den Verdacht bekommst, die haben bereits gemerkt, daß der Wolf ein Würstchen ist; die laden dich mehr aus Mitgefühl ein als aus dem Wunsch nach deiner Gesellschaft. Und hatten sie nicht Mühe, ihre Erleichterung über deine Absage zu verbergen?

Eine Zeitlang allein, das geht. Immer allein – da stimmt was nicht.

Auch nach Hause, zu den Eltern und Verwandten ging ich nur noch ungern, weil sie mich seit Jahren mit der Frage nervten, wann ich denn jetzt endlich eine Schwiegertochter ins Haus bringe, ein Haus baue und Kinder in die Welt setze. Und weil auch sie mir, noch deutlicher als die Freunde und Bekannten, zu verstehen gaben, es sei jeder ein Versager, der im 30. Jahr weder Weib, noch Haus, noch Kind vorzuweisen hat. Bei jedem Besuch bekam ich erzählt, wer aus meinem Jahrgang wieder geheiratet, ein Haus gebaut, einen Sohn oder eine Tochter gezeugt hat, und auf einmal war ich der letzte meines Jahrgangs.

Jahrelang hatte ich diesem stillen Vorwurf widerstanden. Es war ja nicht so, daß ich die ganze Zeit ohne Frauen lebte. Es war ja nicht so, daß es mir schwergefallen wäre, eine Frau für mich einzunehmen, eher das Gegenteil traf zu, aber das paßte der Verwandtschaft im Heimatdorf auch wieder nicht. »Du bringst mir entweder gar keine mehr ins Haus«, sagte meine Mutter eines Tages aufgebracht, »oder eine, die meine Schwiegertochter wird.«

Also brachte ich gar keine mehr mit. Und dann war es noch so, daß ich seit ungefähr dem 14. Geburtstag alle neun Monate meine Ansichten über Gott und die Welt von Grund auf änderte, und mit der Weltanschauung änderten sich die Ansprüche. Wie sollte ich wissen, ob ich von dem Weib, von dem ich im Augenblick glaube, sie sei es, auch in drei, vier, sieben Jahren noch überzeugt sein werde?

Nicht nur die geistigen Standorte wechselte ich wie die Hemden, sondern auch die geographischen. Vor dem Umzug in die Sachsenhauser Hochhaus-Monozelle am Mittleren Hasenpfad wohnte ich in Hamburg, davor in München, davor in Eichstätt, davor in Nürnberg, davor in Hannover – es war wohl mein zwanzigster oder fünfundzwanzigster oder dreißigster Umzug. Seit meinem 19. Lebensjahr war ich immer unterwegs, hatte in den blitzschnell verflogenen zwölf Jahren keine Zeit und Gelegenheit für eine feste Bindung, während vieler Jahre auch gar nicht den Wunsch danach. Ehe? Bloß nicht, jedenfalls nicht vor dem 30. Geburtstag. Wenn also die lästigen Fragen zu Hause nach der Schwiegertochter auch nervten, ich fühlte mich lange Zeit gut dabei.

Mit wachsender Dauer des Single-Daseins bedarf es nicht mehr nur der kritischen Tage, um in Melancholie zu verfallen. Es genügt auch schon der Frühling. Wenn draußen die Sonne scheint, die Pärchen über die Plätze flanieren, dann möchte man auch hinaus ins Helle und mit einer Frau unter der Sonne promenieren.

Im Sommer fehlt die Frau für den Urlaub, im Herbst wollen die langen Abende nicht gemütlich werden. Dann kommt der November mit seinem Nebel und der grauen Monotonie, das nächste einsame Weihnachten rückt näher, und langsam kriecht die Furcht in einem hoch, so werde es nun immer weitergehen.

Plötzlich ist da das Gefühl, den richtigen Zeitpunkt verpaßt zu haben. Vor noch nicht allzulanger Zeit stand dein Marktwert im Zenit, und du hast es nicht gemerkt. Jetzt geht es nur noch abwärts.

Blickte ich früher stets selbstzufrieden in den Spiegel, so tue ich es seit ungefähr dem achtundzwanzigsten Lebensjahr mit wachsender Verdrossenheit, denn es ist nicht zu übersehen, wie die Fülle meiner Haare ab- und die des Leibes zunimmt. Und während ich früher die verstohlenen Blicke der Frauen aller Jahrgänge bemerkte, wenn ich ein Restaurant betrat, nehmen heute nicht einmal mehr die Frauen meiner Altersgruppe von mir Notiz, und die Teenies ignorieren mich sowieso. Möglich, daß sich das wieder ändert, wenn die Haare silbergrau werden, aber sollte ich so lange warten? Und weiß ich, ob ich bis dahin überhaupt noch Haare habe? Es war also ein typischer Fall von Torschlußpanik, der mich fürchten ließ: Wer jetzt allein ist, wird es lange bleiben.

Kapitel 3

Ich hätte natürlich in die nächste Anmachkneipe gehen und dort, wie die anderen 150 einsamen Herzen auch, mit kaschiertem Hungerblick lässig herumlungern und die eine oder andere cool Herumlungernde ganz locker anquatschen können. Habe ich auch versucht, dabei aber hauptsächlich erfahren, wie ich vom lockeren Herumstehen allmählich verkrampfe, wie schwer es mir fällt, meinen Hunger nicht zu zeigen, und wie ich schließlich nach mehrstündiger Demonstration cooler Überlegenheit entnervt das Lokal verlasse.

Hat man diese Übung drei- oder viermal absolviert und dabei aufmerksam herumgeguckt, alle Sinne auf Empfang gestellt und auch die eine oder andere Dame ausgehorcht, verzichtet man auf den fünften Versuch und bleibt mit dem sicheren Gefühl zu Hause, daß sich in diesen Kneipen vor allem die Problemfälle, die Übriggebliebenen und Geschiedenen herumtreiben. Außerdem sorgt ein regelmäßiges Überangebot an Männern für ein Konkurrenzklima, das jede Spontaneität unterdrückt.

Nebenbei entdeckte ich zu meiner Überraschung, daß sich bei mir im Lauf der Jahre, offenbar wie von selbst, so etwas wie ein Gefühl für Stil und Ästhetik entwickelt hat. Deshalb kam mir dieses Anmachen, Abschleppen, Aufreißen – früher mit sportlicher Leidenschaft betrieben – auf einmal ziemlich stil- und würdelos vor. Und darum – so beendete ich für mich das Thema – finde ich in der Anmachkneipe die Frau, die ich eigentlich suche, sowieso nicht, denn diese Frau hat keine Lust, dekorativ vor sich hinzuwarten, bis irgendein Gockel sie anquatscht.

Wenn die Anmachkneipe keine Lösung ist, welche Möglichkeiten bleiben einem dann noch? Am Arbeitsplatz ist das Angebot viel zu gering. Die interessanten Frauen sind in festen Händen.

Ein Verein, der Urlaub, irgendeine Zufallsbekanntschaft? Ich bin aber in keinem Verein, diese Mühe erscheint mir zu aufwendig für die geringen Aussichten, die ich damit verbinde.

Außerdem wüßte ich gar nicht, in welchen ich eintreten sollte.

Im Urlaub hat es bisher nicht geklappt. Warum sollte es im nächsten klappen?

Dasselbe gilt für die Zufallsbekanntschaft. So viele habe ich schon gemacht. Die Richtige war nie dabei. Was berechtigt mich zur Hoffnung, die nächste oder übernächste werde es sein?

Da tue ich es doch lieber dem Helden in dem Film »Die Venusfalle« gleich. Der ging einfach an die Tür des Schwestern-Wohnheims und drückte auf alle 101 Klingelknöpfe. Als es ihm aus der Sprechanlage 101fach entgegenschallte »Hallo, hallo, wer ist denn da, wer ist denn da?« sprach er mit männlich-weicher Stimme hinein: »Hier ist der Betthase. Mein Platz ist auf dem Kopfkissen. Ich bin geschmeidig, amüsant, geistreich, sanft und voll zarter Rücksichtnahme.«

Und die Türen öffneten sich.

Auch wie der Held im Film »Die heißkalte Frau« hätte ich es machen können. Der sieht an einem heißen Sommertag, wie sich aus einer Menschenmenge eine Schönheit im weißen Kleid herauslöst, zur Promenade schlendert, sich malerisch ans Geländer lehnt und aufs Meer hinausblickt. Er folgt ihr, stellt sich dicht neben sie, schaut sie von der Seite an und sagt: »Sie können hier mit mir stehen, wenn Sie wollen, aber Sie müssen damit einverstanden sein, nicht über die Hitze zu reden.«

Der Traum in Weiß blickt ungerührt weiter aufs Meer hinaus und antwortet nach einer Pause bestimmt und knapp: »Ich bin eine verheiratete Frau.«

»Was bedeutet das?« fragte er.

»Das bedeutet, daß ich keine Gesellschaft suche«, erklärt sie mit leiser Schärfe in der Stimme.

»Dann hätten Sie sagen müssen: Ich bin eine glücklich verheiratete Frau«, kontert er ungerührt.

So geht es noch eine Weile weiter, und wenig später sieht man die beiden in leidenschaftlicher Umarmung.

Ja, so müßte man es machen, aber ich bin schüchtern. Und vor allem bin ich nicht sehr schlagfertig. Mir einen Spruch wie »Sie können hier mit mir stehen...« auszudenken, das schaffe ich auch. Zur Not gelingt es mir sogar hin und wieder, meine Schüchternheit zu überwinden und so einen Spruch vor dem begehrten Weib auch aufzusagen.

Aber erst mal keine Antwort und etwas später den Familienstand mitgeteilt zu bekommen – das würde schon ein nervöses Kribbeln auslösen und 90 Prozent der vorhandenen Frechheit verbrauchen. Vielleicht reichten die restlichen zehn Prozent noch für die Frage, was der Hinweis auf den Ehestatus bedeute. Aber danach hätte ich nur noch Fluchtgedanken. Der Konter mit der »glücklich verheirateten Frau« wäre mir nicht mehr eingefallen.

Das war nicht immer so. Als Teenie bediente ich mich einer Anmache von der primitivsten Sorte, und ich hatte trotzdem Erfolg. Noch als 23jähriger liebte ich es, die Frauen mit der Frage zu überrumpeln: »Warum küssen Sie mich eigentlich nicht nieder? Sie lieben mich doch.«

Den meisten verschlug es die Sprache. Viele lachten. Einige dementierten entrüstet. Eine einzige entgegnete: »Seit zehn Jahren habe ich auf dich gewartet, Mann meines Lebens. Jetzt ist es zu spät. Gestern habe ich einen anderen niedergeküßt.« Über alle Reaktionen pflegte ich mit Ausnahme der einen mit der Behauptung hinwegzugehen: »Es hat keinen Zweck, zu widersprechen. Ich sehe es Ihrer Nasenspitze an, daß Sie mich lieben, ich sehe es in Ihren Augen, und jetzt werden Sie auch noch rot.«

Die Erfolgsquote lag bei über 50 Prozent. War ich mal besonders gut drauf oder überdurchschnittlich heftig interessiert, dann hielt ich hartnäckigen Neinsagerinnen den irgendwo aufgeschnappten und auswendig gelernten Spruch entgegen: »Wenn eine Dame nein sagt, meint sie vielleicht. Wenn sie vielleicht sagt, meint sie ja, und wenn sie gleich ja sagt, ist sie keine Dame.«

Das brachte an guten Tagen weitere 25 Prozent. Aber mit den Jahren ging die Erfolgsquote kontinuierlich nach unten. Heute, da ich weiß, daß auch Frauen entgegen zahlreicher Beteuerungen sehr auf Äußerlichkeiten achten, vermute ich, daß meine Anmache damals völlig sekundär gewesen ist und ich den Großteil des Erfolgs meinem Dackelblick und meinen schmalen Hüften zu verdanken hatte.

Den Dackelblick habe ich noch, die schmalen Hüften nicht mehr. Die jugendliche Unbekümmertheit meiner Anmache ist ebenfalls dahin. In nächtelangen Diskussionen mit Frauen über Chauvis, das Patriarchat und die Emanzipation haben sie es geschafft, daß ich mich plötzlich mit ihren Augen sah, wenn ich mich in der alten Manier an Frauen ranschmiß, und da sah ich mich als Affen, Gockel, Bock und Schlimmers und gab es auf. Heute geniere ich mich fast ein wenig meines Geschlechts und fühle mich schon genauso genervt wie eine Frau, wenn ich miterlebe, wie ein Bekannter oder Kollege, der eben noch einen vernünftigen Eindruck machte, angesichts einer aufkreuzenden weiblichen Attraktion, sich in einen balzenden Auerhahn verwandelt.

Am schlimmsten aber ist es, wenn der Auerhahn Erfolg damit hat. Und den hat er öfter, als die Emanzen glauben.

Kapitel 4

Vielleicht sollte man eine Flirtschule besuchen. In München, so stand es in der Süddeutschen Zeitung (29./30. März 1986), bringt jetzt ein Psychologe den Gehemmten und Skrupulösen an einem Wochenende für 400 Mark bei, wie sie mit dem anderen Geschlecht ins Gespräch kommen und dabei ihre Persönlichkeit so gut rüberbringen, daß die oder der Angesprochene sich unbedingt ein Wiedersehen wünscht.

Dabei komme es vor allem auf Ausstrahlung und Originalität an, weiß der Psychologe. Originell sei es beispielsweise, als Mann von heute deutlich sichtbar eine Uhr am Handgelenk zu tragen und die Schöne in der U-Bahn mit der Frage nach der Uhrzeit zu verblüffen. Und dann müsse man sagen: »Ich wollte nur die Stimme hören, die zu der charmanten Person gehört«, lehrt der Psychologe. Oder: »Sie sehen ganz so aus, als hätten Sie nur auf mich gewartet.«

Das Ganze müsse natürlich locker-selbstsicher, mit einem breiten Lächeln vorgetragen werden, und die Zähne müsse man sehen. Auswendiglernen sei zwecklos, verinnerlichen schon besser, sagt der Psychologe.

Sein Geschäft blühe, schrieb die Süddeutsche noch, und das ist kein Wunder. Anmachen ist nämlich zu einem Problem geworden, denn wir leben in einem Übergang, und Übergänge sind immer kompliziert.

Die alten Verhaltensmuster klappen nicht mehr, und neue sind noch nicht gefunden. Weil die alten Muster nicht mehr funktionieren, ist der Mann von heute gehemmt. Die Existenz von Frauenkneipen führt ihm drastisch vor Augen, daß frau es satt hat, sich von Hinz und Kunz anquatschen lassen zu müssen. Also halten Hinz samt Kunz sich zurück, wenn ihnen die Frau begegnet, die ihnen den Atem stocken läßt und an die sie sich in früheren Zeiten dumm, dreist und mit der ganzen Kraft der alten Machos herangeschmissen hätten.

Die Frauen haben das Werben der Männer mit dem Balzen des Auerhahns verglichen. Und jetzt wundern sich die Frauen, daß die Hähne nicht mehr balzen. Sie balzen nicht mehr, weil es ihnen zum Hals heraushängt, sich stets souverän lächelnd eine Abfuhr nach der andern zu holen.

Sollen doch diese emanzipierten Weiber mal aktiv werden und uns anmachen, wenn sie uns immmer so um unsere männliche Aktiv-Rolle beneiden und selber bestimmen wollen, mit wem sie sich abzugeben wünschen. Schadet vielleicht gar nichts, sich als Mann ein bißchen passiv zu verhalten, wenn da eine Interessentin verstohlen nach ihm guckt. Dann merkt sie, wie das ist, wenn frau sich für jemanden interessiert, aber nicht weiß, wie sie seine Aufmerksamkeit gewinnt, ohne sich zu blamieren. Dann merkt sie, daß auch die Männerrolle ganz schön beschissen ist.

Also Weib, laß dir was einfallen, sprich mich ruhig an, aber intelligent und witzig, locker und mit der richtigen Mischung aus Verbindlichkeit und Unverbindlichkeit. Daß ich deine Anmache goutieren werde, kann ich dir natürlich nicht versprechen. Vielleicht muß ich dich abblitzen lassen. Vielleicht bist du ja ganz intelligent, aber nicht intelligent genug, vielleicht aber auch zu intelligent, vielleicht bist du sogar ganz witzig, aber möglicherweise sagt mir deine Art von Humor nicht zu. Vielleicht bist du mein Typ von Frau, vielleicht aber auch nicht. Das mußt du eben herausfinden. Nur zu.

Wie, das ist dir zu blöd? Unter diesen Umständen verzichtest du lieber darauf? Du verweigerst die Balzleistung? Siehst du, aus demselben Grund verzichte auch ich. Und aus diesem Grund werden wir beide in Kürze das Lokal verlassen, ohne uns blamiert und ohne uns kennengelernt zu haben. Gefrustet, aber unter Wahrung des Gesichts, kehren wir in unsere jeweilige Einsiedelei zurück.

Wenn da ein Weib wäre, das sich sagte: »Was soll's, ich bin doch emanzipiert, ich sprech' den Kerl einfach an« – so ist die Wahrscheinlichkeit groß, daß die emanzipierte Dame trotzdem stumm bleibt wie ein Fisch. Ihr fiele nämlich nichts ein.

Und wenn ihr etwas einfiele, wüßte sie nicht, wie sie's vorzubringen hätte, schon bei dem Gedanken käme sie sich äußerst komisch vor. Wenn sie aber dennoch entschlossen wäre, damit herauszurücken, käme ihr die Angst vor der Katastrophe in die Quere – die Angst vor dem Korb. Ihr fehlte die Fähigkeit und Bereitschaft, eine Abfuhr lässig wegzustecken, eine Fähigkeit, die wir Männer schon als Jungs eingeübt haben.

Darum ist es höchst selten, daß eine Frau einen Mann zuerst anspricht. Noch immer ist die Ausnahme, daß frau allein in die Kneipe und ins Restaurant geht, und noch immer ist die Regel, daß auch die Emanzipierteste zu ihrem Manne aufschauen möchte, zumindest physisch. Man sehe sich nur um, selten findet man ein Paar, bei dem sie größer ist als er. Man lese nur die Heiratsanzeigen; so gut wie immer wird die Körpergröße als ein ganz wesentliches Wunschmerkmal angegeben. Oft verlangen inserierende Frauen große Männer, noch nie habe ich gelesen, daß eine einen kleinen Mann wünscht. 5000 Jahre Patriarchat sitzen tief.

Angenommen, unserer Avantgardistin fiele wider Erwarten doch etwas ein, und gegen alle Wahrscheinlichkeit nähme sie mutig die Gefahr eines Korbes in Kauf, so würde sie im letzten Moment trotzdem davor zurückschrecken, denn sie wüßte ja nicht, ob der Kerl nicht ein Typ Mann vom alten Schlag wäre, der ihr emanzipiertes Rangehen total in den falschen Hals kriegt und gleich fragt, was sie kostet.

Ein Kennzeichen unserer Übergangszeit ist, daß alle Typen gleichzeitig auf der Welt herumlaufen: die Machos und die Männerweibchen von gestern, die noch nicht gemerkt haben, daß sie einer aussterbenden Art angehören; die vielen Verunsicherten von heute, die kapieren, daß die alten Rollen nichts mehr taugen, aber ihre neuen Rollen noch nicht gefunden haben; die progressive Minderheit, die schon heute mit traumwandlerischer Sicherheit vorwegnimmt, was morgen gelten wird; und alle Schattierungen und Mischformen aus diesen drei Typen der Vergangenheit, Gegenwart und Zukunft.

Zwischen diesen ungleichzeitigen Typen muß es naturgemäß zu ständigen Mißverständnissen und Reibereien kommen, denn sie prallen täglich aufeinander. Geht einer ran wie Blücher, gerät er garantiert an eine Emanze, die sein Chauvigehabe nur noch lächerlich findet. Ist er lernfähig, so versucht er es bei der nächsten auf die sanfte Tour – und trifft auf eine Carmen, welche die Emanzipation schon hinter sich und für Softies nur Hohn und Spott übrig hat. Macht er bei der dritten zu einem Viertel auf Macho und zu drei Vierteln auf Softie, so hätte diese es lieber umgekehrt. Macht er's bei der vierten umgekehrt, so wünscht diese halbe-halbe.

Die fünfte, der er halbe-halbe bietet, interessiert sich überhaupt nicht für die Mischung, sondern einzig für seine Eignung als Besamer, denn sie möchte eine Mutter ohne Mann werden. Die sechste ist lesbisch, die siebte gerade auf dem Trip in die neue Mütterlichkeit. Bei der achten blitzt er ab, weil er den falschen Aszendenten hat, und die neunte ist gerade zum Islam übergetreten und versucht, ihn zu bekehren. Was er auch tut, es ist immer falsch, denn Übergangszeiten sind komplizierte Zeiten. Spätestens bei der zehnten wird unser Held sich resigniert aus der Welt zurückziehen und das Heer der frustrierten Einsamen um ein weiteres Mitglied vergrößern.

Aber seien wir kühn. Nehmen wir an, die Frauen nehmen dafür das Heft in die Hand. Denken wir uns eine Avantgardistin aus, die beim Männer-Anmachen vor nichts zurückschreckt, auch nicht vor der Angst, an den total Falschen zu geraten, der alles nur falsch versteht. Belohnen wir sie für ihren Mut. Lassen wir sie einen ansprechen, der froh und dankbar reagiert, weil er selber ungeheuer schüchtern und sehr verletzlich ist, und das wiederum findet sie so putzig, daß sie sich am selben Abend in ihn verliebt – steht ihr nun ihr großes Glück bevor?

Wetten, daß nicht? Am nächsten Tag wird sie auf seinen Anruf warten. Und der bleibt aus, weil der Tölpel so schüchtern ist. Nun sollte man denken, in diesem Fall wird sie anrufen. Tut sie aber nicht. Keine Frau der Welt greift zuerst zum Telefon, nicht einmal die Avantgardistin. Jedenfalls habe ich das noch nie erlebt, und die Männer, die ich danach fragte, auch nicht, und die Frauen, die ich danach fragte, bestätigten einstimmig: Nein, da würden sie auch nicht anrufen.

Bis auf Pia, meine Kollegin, die würde auch die Sache mit dem Erstanruf noch bringen. Aber die ist ein Sonderfall. Auch Claudia, ebenfalls eine Kollegin, behauptet, sie würde anrufen. Aber die fällt aus meiner Betrachtung eigentlich heraus, denn sie ist eine ganze Generation jünger, und die Jüngeren, die trauen sich schon eher. Wenn auch längst noch nicht alle. Silvia zum Beispiel, kaum älter als Claudia, gibt zu, sich in diesem Fall schwer zu tun. Aber sie kennt einen Ausweg: Sie läßt sich die Fax-Nummer geben und faxt ihn dann einfach an. Das bereite ihr keinerlei Probleme, erzählt sie.

Und wenn er aber kein Fax-Gerät hat? »Dann hat er eh' nur geringe Chancen«, sagt Silvia.

Die Tragik besteht darin, daß unser Schüchterling all das nicht weiß, kein Faxgerät hat und immerzu grübelt: Warum ruft sie bloß nicht an? War ich ihr zu schüchtern? War ich für sie eine Enttäuschung? Hat sie in mir nur einen Mann für eine Nacht gesehen?

Daß für eine Frau, die sich so weit vorgewagt hat, ausgerechnet so ein läppischer Anruf zum unüberwindlichen Hindernis werden kann – darauf kommt er nicht. Das kann er sich nicht vorstellen. Das ist auch unvorstellbar, und dennoch die Realität.

Spätestens jetzt werden Schüchterling und Avantgardistin reif sein für einen Werbeprospekt, der vor einiger Zeit auf den Tischen der Mensa der Aachener Universität herumlag mit folgendem Text: »Beziehung am Arsch, was? Gehste inne Disco, stehste blöd rum, tanzte 'ne Runde, gehste wieder heim. Scheiß-Einsamkeit, wie?«

Der Prospekt warb für eine Firma namens »Klick«, eine »Alternative Kistenvermittlung GmbH« fürs Leben in der Zweierkiste. Bei solchen Kistenvermittlungen, seien sie nun alternativ oder konventionell, landen heute viele, wenn sie über 30 sind.

Vielleicht ist so eine alternative Kistenvermittlung eher etwas für unsereinen? Ich probierte es nie aus. Der Jargon gefällt mir nicht. Konventionelle Heiratsinstitute sind auch nichts, denn deren Jargon gefällt mir erst recht nicht.

Dann bleiben nicht mehr viele Möglichkeiten. Genaugenommen bleibt nur noch eine: die Anzeige.

Nur mit der Anzeige kann ich Zehntausende von Frauen anmachen, ohne sie belästigen und ohne je damit rechnen zu müssen, auf aggressive Ablehnung zu stoßen. Mit der Anzeige erreiche ich auf einen Schlag so viele Frauen, wie ich sie während eines ganzen Lebens nicht antreffen würde. Mit der Anzeige erreiche ich jene Selbstbewußten, denen ihr Studium, Beruf und ihre Selbständigkeit zunächst wichtiger waren als eine schnelle Hochzeit. Mit der Anzeige erreiche ich jene Stillen und Stolzen, die ich in der Anmachkneipe nicht antreffe. Mit der Anzeige erreiche ich die Frauen, die zu intelligent sind, um sich von irgendwelchen Eheanbahnungsinstituten einseifen zu lassen, die sich auf der Flirtschule ein wenig blöd vorkämen, die bisher zu anspruchsvoll gewesen sind, um sich mit der nächstbesten Arbeitsplatz-, Urlaubs- oder Zufallsbekanntschaft zufriedenzugeben.

Kapitel 5

Acht Tage lang habe ich die Fanpost gelesen, auf die Häufchen verteilt und mich im Hochgefühl des Umworbenen gesuhlt. Dann aber setzte ich mich hin und tippte einen elend langen Brief bis tief in die Nacht. Am Ende waren es über 50 Seiten, die ich um rund 20 Seiten kürzte. Am nächsten Tag ging ich mit dem dicken Packen ins Copycenter der Frankfurter Uni, um ihn hundertmal zu kopieren.

Ringsherum kopierten Studenten ihre Referate und ihre Exzerpte aus wissenschaftlicher Fachliteratur, während ich angespannt beobachtete, ob vielleicht der eine oder die andere einen Blick auf meine Papiere warf.

Und dann kam auch noch Heiner herein. An der ganzen Frankfurter Uni gab es nur zwei Menschen, die ich damals kannte, Detlev, einen Studenten, und Heiner, den Juradozenten. Und einer dieser beiden mußte ausgerechnet jetzt etwas kopieren und mich dabei ertappen, wie ich ein Rundschreiben an meine hundert Frauen anfertigte. Streß.

Zum Glück sah ich Heiner zuerst, so daß ich ihm blitzschnell den Rücken zukehren konnte. Er scheint mich tatsächlich nicht gesehen zu haben, denn als ich etwas später mal kurz nach hinten schielte, war er schon wieder weg. Aufatmen.

Leicht erschöpft fuhr ich mit der Trambahn nach Hause, unterm Arm einen riesigen Karton mit einer 30seitigen Selbstdarstellung in hundertfacher Ausfertigung. Diese Riesenschachtel und ich – sie waren wohl eine der seltsamsten Frachten, die je in der Frankfurter Trambahn transportiert worden sind.

Zu Hause packte ich 100 Häufchen mit jeweils identischen Seiten aus und reihte sie auf dem Teppichboden fein säuberlich nebeneinander, um anschließend auf Knien rutschend Blatt für Blatt in der richtigen Reihenfolge zu 100 Rundbriefen zusammenzufügen.

Dann wurden die Rundschreiben in die tags zuvor gekauften DIN-A4-Kuverts gesteckt, die Kuverts beschriftet, mit Briefmarken beklebt, in die Schachtel gestapelt, und auf einmal war es Mitternacht.

Kapitel 6

Am nächsten Morgen wuchtete ich die Schachtel in den Kofferraum meines Autos und fuhr ins Fotogeschäft. Ich hatte mich einige Tage zuvor per Selbstauslöser fotografiert, mit einem Buch in der Hand, vor der Schreibmaschine, mit dem Telefonhörer vor der Bücherwand, unterm Einstein-Bild und am gedeckten Tisch mit einem Glas Rotwein in der Hand. Die Hände mußte man sehen, denn mir hat einmal eine reife Frau und später ein junges Mädchen gesagt, ich hätte schöne Hände, und alle Frauen schauten bei Männern auf die Hände.

Das mit der Bücherwand war das optimale, denn man sah die Bücher, und man sah meine Hände. Davon ließ ich 100 Abzüge machen, und diese 100 Abzüge holte ich an jenem Morgen ab. Auf der Post steckte ich je ein Foto in die hundert Kuverts, verklebte diese und gab sie endlich auf.

Mit dem Gefühl, alles getan zu haben, was ich tun konnte, verließ ich die Post. Der Rest ist wieder Schicksal, nun darf der Zufall sein Spielchen weiterdrehen, sagte ich mir, nahm ein Knöllchen von der Windschutzscheibe und fuhr zur Bank, um der Frankfurter Polizei eine Spende von 30 Mark zu überweisen.

Bei dieser Gelegenheit nahm ich ungerührt zur Kenntnis, daß das übliche Minus auf meinem Konto diesmal um einen runden Tausender größer war als sonst. Dieses Loch hatte die Anzeige hineingerissen, und daß dieses Loch in den nächsten Wochen noch wachsen würde, war mir klar und störte mich nicht im geringsten. Das Kopieren, die Kuverts, das Porto, die Fotos, die Knöllchen, dazu die Ausgaben, die mir noch bevorstanden, Telefonate, Bahn- und Autofahrten, diverse Restaurantbesuche, weitere Knöllchen für falsches Parken und zu schnelles Fahren – das alles sollte sich im Verlauf der Aktion zu einer Summe von rund drei- bis viertausend Mark zusammenläppern.

Jenen Geizkrägen, die schon beim Schreiben der Anzeige um jeden Buchstaben feilschen und ihren Text durch übertriebenes

Abkürzen so verstümmeln, daß man ihn gar nicht mehr lesen mag, wird diese Summe unverhältnismäßig hoch erscheinen. Tatsächlich aber wären viertausend Mark auch dann nichts Besonderes, wenn am Ende nur ein Mißerfolg stünde, man rechne nur einmal nach: Vier überflüssige Leichtmetallfelgen oder eine Metallic-Lackierung fürs neue Auto, ein Luxus-Urlaub in den Algen der Adria oder der Jahresbedarf an Kölsch, Chablis, Grappa und Roth-Händle – das liegt alles ungefähr in derselben Preisklasse.

Aber was sind diese Dinge im Vergleich zur Chance, die Königin seines Herzens zu finden? Wer zwei jahre lang jede Woche zweimal in seine Anmachkneipe schlurft, sucht ebenfalls diese Königin, wird selten fündig, hat danach ungefähr genausoviel Geld zum Fenster hinausgeworfen und viel mehr Zeit verplempert.

Wenn man dann noch, wie ich, am Ende der ganzen Prozedur erfolgreich ist, erweist sich die Investition als die beste, die man jemals riskierte. Viertausend Mark auf die acht Jahre des Zusammenseins mit meiner Frau verteilt, ergibt schon jetzt den lächerlichen Betrag von einer Mark siebenunddreißig pro Tag.

Das ist ungeheuer viel Frau für wenig Geld. Sollte es uns vergönnt sein, noch weitere 43 glückliche Ehejahre miteinander zu verbringen, so sinkt dieser Betrag bis zur goldenen Hochzeit auf die Kosten einer Zigarette.

Als ich die Bank verließ und zum Auto ging, hatte ich kein Knöllchen an der Windschutzscheibe. Sollte mein Schicksal sich gewendet haben?

Kapitel 7

Das Rundschreiben

Weh mir – so begann das hundertfach kopierte Rundschreiben in mehreren Kapiteln an meine vielen Fans – da sitz' ich nun auf meinem Stapel von Bewerbungen und frage mich: Was jetzt? Schon schiele ich wieder nach dem Strick, denn ab jetzt kann ich eigentlich alles nur noch falsch machen.

Aber andererseits: Das Machtgefühl, an einen Pulk von zumeist sympathischen, hübschen und gebildeten Frauen, die mich alle vor dem Strick erretten wollen, meine Huld verteilen zu dürfen, werde ich jetzt erst mal eine Weile auskosten. Strick beiseite also, und vielen herzlichen Dank für die mutig geäußerte Bereitschaft, mich morgens an- und abends wieder auszuziehen. Am liebsten würde ich das ja von jeder einzelnen an mir erproben lassen. Aber das geht nicht.

Es geht auch nicht, daß ich in kürzester Zeit jeder einzelnen individuell antworte, denn schon mehr als hundert haben geschrieben, und täglich schreiben immer mehr. Deshalb besteht dieser Brief aus einem standardisierten ersten Teil, in dem Sie die endgültige Wahrheit über Patrick Moore erfahren, und einem individuellen zweiten Teil, in dem ich jeder Schreiberin auf ihren Brief antworte.

Bevor Sie nun ob der Unmöglichkeit dieses Verfahrens in Ohnmacht fallen, sollten Sie mir wenigstens glauben, daß sich auch in mir vieles gegen solch einen Rundbrief sträubt. Aber die Alternative wäre, jede zwar einzeln, dafür nur kurz, mit ein paar Sätzen abzuspeisen. Aber, jede individuell und obendrein auch noch ausführlich bedienen zu wollen, hieße, ab sofort den Job aufzugeben und im nächsten halben Jahr nur noch Briefe zu schreiben. Und am Ende dieser Mammutarbeit stünde ich vor dem Problem, den zuletzt Angeschriebenen zu erklären, wie es kommt, daß sie zu den Letzten gehören.

Ich hätte natürlich trotzdem eine Rangordnung aufstellen können – habe ich auch getan, darüber später mehr – und, sagen wir, die ersten sechs, zehn oder zwölf zu meinen Favoritinnen küren – habe ich ebenfalls getan – und den Rest in den Papierkorb schmeißen können – habe ich nicht getan. Das wäre ja keine Art. Stellen Sie sich vor, Sie liegen mit dem großen Rest im Papierkorb, was sagen Sie dann?

Hinzu kommt: Eine radikale Selektion gleich zu Beginn ist mir viel zu riskant. Die Briefe der weitaus meisten Damen waren nämlich nicht so, daß ich auf Anhieb hätte sagen können: die oder keine. Ein paar Renitente weigerten sich trotz ausdrücklicher Bitte, ein Foto beizulegen, aber sie schrieben interessante Briefe, und ein paar von ihrer Schönheit Überzeugte schickten mir mit beeindruckendem Foto einige hastig hingesudelte Fakten über sich samt Telefonnummer. Sollte ich die Interessanten ohne Foto und die Schönen mit dürftigem Brief gleich aussortieren? Sich voreilig auf eine begrenzte Zahl von Favoritinnen zu beschränken, hätte ja durchaus bedeuten können, sein wahres Glück zu versäumen.

Viele legten einen frankierten Umschlag bei und baten, doch mal anzurufen. Wie albern! Das Briefporto wollten sie mir ersparen, aber die Kosten für Ferngespräche halsten sie mir auf. Man hätte es ja kurz machen und gleich einen Termin vereinbaren können, meinen Sie? Tut mir leid, eine wildfremde Frau einfach anrufen und nach drei Minuten wieder einhängen – das bringe ich nicht. Außerdem glaube ich, daß dabei nichts Gescheites herauskommen kann.

Zwei Stunden wären das mindeste, was ich für den Anfang bräuchte. Führe ich aber einige Dutzend Zwei-Stunden-Telefonate in alle Welt – Paris war auch dabei, und sehr vielversprechend –, kommt möglicherweise was Gescheites dabei heraus, ganz sicher aber auch mein wirtschaftlicher Ruin.

Ich mag nicht herumtelefonieren; nicht aus Geiz, sondern zur Rettung des letzten, des allerletzten Restes der Möglichkeit von ein bißchen Romantik, denn die planmäßige Suche nach dem Partner fürs Leben über eine Anzeige ist eine sonderbar nüchterne, höchst rationale Angelegenheit. Wir haben alle gelernt, daß sich so etwas zufällig ergeben sollte, daß es nur was werden kann, wenn es mit Herzklopfen und Schweißausbrüchen verbunden ist, daß der Mond scheinen und die Musik spielen muß, und daß vom ersten Kuß im Mondenschein bis zum Ja-Wort in der Kirche mindestens ein Jahr zu vergehen hat. Auch wenn das heute alles so nicht mehr ist, auch wenn wir meinen, die ganze Liebes- und Eheromantik als bürgerliches Lügenspiel durchschaut zu haben und fürs Zusammenleben keinen Pfarrer, keine Orgel, keinen Standesbeamten und keine Schwiegermuttertränen mehr zu brauchen, auch wenn wir glauben, drüberzustehen, so sind wir dennoch nicht frei davon, uns ein bißchen Gefühl und ein wenig Romantik zu wünschen.

Deshalb kein Telefonat zwecks erster Kontaktaufnahme zur Vereinbarung eines Termins zum Kennenlernen zwecks eventueller späterer Ehe, sondern erst einmal dieser Brief, dann wahrscheinlich noch einer und noch einer, danach vielleicht ein erster schüchterner Anruf, dem wieder ein Brief folgt, dann weitere Briefe und Telefonate, bis sich das Gefühl einstellt: Jetzt ist die Zeit reif für eine erste Begegnung, denn das, was wir wollen, braucht vielleicht nicht unbedingt das zufällige Kennenlernen, nicht das Mondlicht, die Musik und den Kerzenschein, aber ganz gewiß braucht es Zeit, um aus Distanz allmählich Nähe werden zu lassen. Und diese Zeit werde ich mir einfach nehmen. Da ich mir diese Anzeige einen runden Tausender habe kosten lassen, bin ich auch der Herr des Verfahrens.

Sie sind mit diesem Verfahren nicht einverstanden? Um so besser. Wenn Sie sich schon in einem so frühen Stadium so störrisch zeigen, werden Sie sich später wahrscheinlich noch viel weniger mit mir einigen können, und aus uns wird nie ein Paar. Werfen Sie daher diesen Brief weg, antworten Sie auf eine andere Anzeige, oder inserieren Sie selber und selektieren Sie sich so selbst hinaus.

Kapitel 7.1

Rundschreiben, Teil 2

Den anderen aber, die sich von diesem Verfahren nicht abschrekken lassen möchten, erzähle ich nun zur Belohnung, was das für Briefe waren, die ich bekommen habe, denn natürlich interessiert Sie brennend, wie es ist, wenn man eine Anzeige aufgibt, wer darauf antwortet, was geschrieben wird und wie der Inserent darauf reagiert. Diese Art der Partnersuche mag so nüchtern aussehen wie sie will – in der Herzgegend pochte es trotzdem ganz heftig.

Wahrscheinlich hatte ich sogar feuchte Hände, als ich das allererste Päckchen von der Anzeigenabteilung der ZEIT öffnete und siebzehn Briefe zählte. Ein Mann war auch dabei. Den machte ich zuerst auf. Es war ein Vater, der sich um die Zukunft seiner Tochter sorgte. Auf dem mitgeschickten Foto räkelte sich eine verlockend dekolletierte Blondine im Abendkleid und mit Blume im Haar auf dem Teppich und lächelte, daß man sich am liebsten gleich dazugelegt hätte. Verdammt hübsch, das Luder, aber warum schreibt sie nicht selber?

Zu faul, zu phlegmatisch, zu lethargisch, wie ihr Vater sagt. Und darum hätte sie eigentlich auf einen hinteren Stapel gehört, denn mit Lethargie und Phlegma bin ich selber so reich gesegnet, daß ich dazu nicht unbedingt noch einer Verstärkung bedarf. Andererseits gefiel sie mir rein äußerlich so ausnehmend gut – und zu Beginn geht man immer erst nach Äußerlichkeiten –, daß sie den Stapel Nummer zwei (»Vielleicht«) eröffnete.

Die große Angst zu Beginn ist, jenes Vorurteil könne sich als wahr erweisen, auf diesem Markt der Heiratsinserenten tummeln sich außer den Perversen und Kaputten nur noch Mauerblümchen und Übriggebliebene, für die eine Anzeige das letzte Mittel ist. Geglaubt habe ich das nie, schon deshalb nicht, weil ich mich selbst auch nicht gerade für einen Ladenhüter halte und trotzdem inseriere.

Eher schon erscheint es mir wahrscheinlich, daß sich in den Anzeigenspalten überdurchschnittlich viele Introvertierte und

Sensibelchen befinden, die den offenen Markt in der Anmachkneipe scheuen, oder auch die kühlen Rechner, die in der Partnersuche per Inserat das effizienteste Verfahren sehen, und die besonders Aktiven und Lebenshungrigen, die vom Menschen-Kennenlernen gar nicht genug kriegen können und über die Anzeige mit einem Schlag ihren Bekanntenkreis erweitern.

Daß dem ersten Brief nicht gleich ein verkniffener Schauerbock entsprang, hatte daher etwas ungemein Beruhigendes für mich. Das ließ hoffen. Mochten die nächsten zehn oder zwanzig auch lauter Nieten sein – danach würden ja wohl ein paar Treffer kommen.

Sie kamen auch. Rund drei Viertel hatten, wie gewünscht, Fotos beigelegt. Die meisten präsentierten sich recht ansehnlich. Mauerblümchen waren natürlich auch dabei.

»Eine Frau, die Dich liebt!!!« stand als Absender unter dem Trauerrand eines Kuverts, das ich als zweites öffnete. Zum Vorschein kam eine Trauerkarte mit aufgeklebtem Igel, der über eine Gänseblümchen-Wiese tippelt und mir seine »Herzliche Teilnahme« ausspricht. Ins Innere hatte die Frau, die mich liebt, geschrieben: »Und ich, Patricia Charly, bin bereit, o Liebling, Dich auch jeden Tag an- und wieder auszuziehen. Dein Mädel.« Und dann hat sie noch hinzugefügt, der Autor der Komödien »Das Haus in Montevideo« und »Hokus Pokus« habe einmal gesagt, das Absolute sei, mit Humor zu sterben.

Das Mädel mit dem schwarzen Humor könnte daher durchaus zu jener Witwe taugen, die mich einst beweint. Ein Jammer nur, daß sie trotz ihrer fetzigen Zusage den Stapel Nummer fünf (Kommt nicht in Frage) eröffnen muß, denn in ihrem Überschwang hat sie vergessen, die Adresse anzugeben, und mit der Telefonnummer kann ich leider auch nichts anfangen, denn es fehlt die Vorwahl, und zu allem Unglück ist der Poststempel nicht zu erkennen.

Rettender Gedanke: Vielleicht wohnt sie in Frankfurt? Aber nein, bei einem Probeanruf meldet sich ein Mann, und so werde ich dereinst sterben müssen, ohne je das Mädel gesehen zu haben, das einmal behauptet hatte, mich zu lieben.

Vielleicht wäre sie die Richtige gewesen. Vielleicht aber auch nicht, denn sie muß eine fürchterliche Chaotin sein, und chaotisch bin ich schon selber genug.

Eine Fanatikerin der Ordnung möchte ich allerdings auch nicht haben, und deshalb schickte ich den Brief der 27jährigen Quickbornerin, die im »juristischen Bereich« arbeitet und ihren Befehl, mich zu melden, mit einem tabellarischen Lebenslauf versah, ausnahmsweise gleich ohne Antwort und anonym zurück. »Mein Entschluß, diese Möglichkeit des Kennenlernens zu nutzen«, teilte sie mir gleich im ersten Satz und ohne Anrede mit, »steht schon längere Zeit fest. Bisher gab es keinen Anlaß, ihn in die Tat umzusetzen. Ihre Zeilen sind mir nicht nur des Umfangs wegen aufgefallen, und ich möchte daher jetzt bei Ihnen den Wunsch wecken, mich kennenzulernen.«

Die Dame weckte vor allem meine alten Gedanken an den Strick und noch alle möglichen Dinge in mir, und dazu die Frage, warum sie ausgerechnet in mir den Anlaß für ihre Tat zu erkennen meint. Ihr Hinweis am Ende auf ihre künftige Pension, die zusätzliche private Lebensversicherung über 100000 Mark und den Bausparvertrag konnte auch nichts mehr retten. 100000 seien in diesem Fall zu wenig, hätte ich vielleicht antworten sollen.

Aber die Zeit, die das kostet, widme ich lieber der Oberpfälzerin, die mir einen sammetweichen Wollfaden schickte, zur Schlinge gewunden, und mit einer Gebrauchsanweisung versehen, in der es hieß: »Wenn es denn schon der Strick sein muß, dann nimm doch diesen, denn der reißt dann wenigstens vorher, und das soll er auch, weil ich meine, um Dich wäre es jammerschade.« Sie hat meinen wahren Wert erkannt, die schöne Volksschullehrerin, und landet deshalb auf Stapel Numero eins.

Angetan war ich auch von der Psyochanalytikerin, deren Mann davongelaufen ist, weil es ihn unsäglich nervte, daß sie ihm immer die Klamotten auf den Tisch legte. Wie schade, daß wir einander nicht schon früher über den Weg gelaufen sind.

Eine Berliner Opernsängerin gab zu bedenken: »Aufhängen verschönt nicht und macht nur einen langen Hals.« Und schlüssig argumentierte sie: »Hoffnungslose Fälle finde ich hinreißend, denn sie sind dann garantiert nicht Fritzchen Müller von nebenan. APO-Vergangenheit gefällt mir, obwohl ich seinerzeit nicht aktiv dabei war, das heute aber irgendwie bedaure.«

Okay, wer bereut, und sei es auch nur irgendwie, dem wird irgendwie vergeben, also Stapel eins.

»Patrick Moore als AUFHÄNGER für eine Anzeige – phantastisch!« schrieb eine rheinische Frohnatur mit vielen harmonischen Schwingungen in der himmelblauen Tintenschrift, triebhaften Unterlängen und zahlreichen Girlanden und fragte mich: »Ob Sie das ANZIEHEN könnte: 33/165, Gewicht: naja; sonst noch: promovierend mit täglich wechselndem Erfolg, noch ortsgebunden (Bonn), hoffnungslos beim Versuch einer Selbstbeschreibung an einen Empfänger, dessen Stimme sie nicht kennt. Wenn Sie Lust hätten, diesem Mangel abzuhelfen: Über einen Anruf würde ich mich freuen.«

ANZIEHEN könnte mich so eine Wortspielerin schon, aber telefonieren will ich nicht, und darum muß das Weib vom Rhein vorerst auf Stapel zwo weiter promovieren. Und was meine Stimme betrifft, da muß sich niemand sorgen. Ich war früher mit meinem Bariton Solist im Kirchenchor.

»Drum greif' ich zu Papier und Stift, um Schlimmeres zu verhüten«, begründete ein geborenes Bauernmädel, jetzt Sozialpädagogin in Mainz, ihre Antwort und offenbarte mir: »Ich suche den Mann, der mir morgens das Frühstück ans Bett bringt und abends die Füße küßt.«

Nun gut, wenn sie verspricht, nicht das Bett vollzukrümeln und sich vorher die Füße zu waschen – dann auf Stapel eins mit ihr.

»Die Tatsache, daß Sie mein einziges Problem als Vorzug ansehen, nämlich etwas mollig zu sein, taut mich wahnsinnig auf. Hoffentlich sind Sie es nicht«, schrieb eine Florettfechterin aus Essen, die an einer Uni-Klinik arbeitet.

Oha! Selber dick und fett sein und von mir verlangen, doch bitte schön Adonis zu gleichen, das ist so unverschämt, daß man eigentlich gefrieren müßte. Aber mir erhitzen solch mollige Unverschämtheiten das Gemüt. Auf Stapel eins mit der Säbelmeisterin.

»Wenn Sie meine Klamotten gleich mitwaschen und -bügeln,

bin ich bereit, Ihnen morgens alles zurechtzulegen«, bot die Medialeiterin einer Frankfurter Werbeagentur an.

Auch hübsch frech, und so schön lapidar. Beinahe Stapel eins. Doch leider fehlt das Foto.

Hilflos gemacht haben mich die Lyrikerinnen, die ihren Wunsch nach Kennenlernen in Verse zwängten wie diese:

Graue Wolken
Ziehen
Vorbei
An meinem Fenster

Antwort Dir
Zu geben ist nicht leicht

Es ist Mai

Die Pfeife glüht
Heiß in meiner Hand der Rauch
Treibt Gedanken weder
Noch Rede-Wendungen mir hervor

»Wer will mich?«
Diese Frage
Stelle ich
Genau wie Du

Guten Tag Fremder
Mein Lachen ist
Nicht immer
So spöttisch

Wie ein Herbsttag die Landschaft
Warmbunt in den Strahlen
Der sinkenden Sonne

Klein der Ort wo
Zurückgezogen
Harrend ich
Derzeit lebe

Und hier war das Werk noch keineswegs zu Ende. Ich sehe ja ein, daß es nach Würdigung schreit, aber für Prosa in Versform habe ich leider keinen Sensus. Eine Ehe mit einer Frau, deren Kunst ich nicht angemessen zu würdigen verstehe, dürfte aber vermutlich nicht ganz einfach sein. Also lieber nicht, Stapel drei.

»Eine Heiratsschwindlerin, 22 / 1,70« aus München faßte sich wesentlich kürzer. Auf französisch schickte sie mir die Zeilen: »Es gibt drei Dinge, für die es sich zu leben lohnt: die Liebe, das Essen und ein strahlendes Lachen.«

Da wüßte ich noch ein paar mehr, aber nicht deswegen kam sie auf Stapel drei, sondern wegen ihrer Jugend. Ein 22jähriges Mädchen ist entweder mit seiner Entwicklung schon fertig, dann interessiert es mich nicht, oder es entwickelt sich noch weiter, dann ist es mir zu gefährlich, da völlig offen ist, wo die Entwicklung hingeht, wenn ich nicht dauernd eingreife. Zum Eingreifen fühle ich mich aber nicht berufen, denn ich will nicht der Erzieher meiner Ehefrau sein.

Dennoch war sie weder die Jüngste noch diejenige mit der kürzesten Zuschrift. Die Jüngste war 19, hatte gerade das Abitur gemacht und sah so hinreißend aus, daß ich ihr nur schweren Herzens und darum sehr gefühlvoll absagte. Ich schilderte ihr meine Gewichtsprobleme, die Depressionen angesichts der Bürste, die jeden Morgen voller Haare ist, erzählte ihr, wie ich mich als Teenie willig von den Frauen über dreißig dazu überreden ließ, deren zwölf Jahre ältere Männer zu Hahnreis zu machen, und schilderte ihr meine mangelnde Begeisterung angesichts der Vorstellung, mich demnächst selber von ihr hörnen zu lassen.

Die kürzeste Zuschrift bestand aus einer Telefonnummer und der Volksweisheit: »Probieren geht über studieren.«

Das sagt mir zwar mehr zu als die längste Zuschrift, 42 handgeschriebene und schwer leserliche Schreibmaschinenseiten voller Binsenweisheiten und angelesener Sprüche mit vorgetäuschtem Tiefgang, aber ich bin nun mal ein Telefonmuffel, und darum muß die kurzweilige Dame warten auf Stapel zwo, und die langweilige kommt auf vier.

»Als ich gestern abend von Heidelberg zurückkam, wo ich seit längerer Zeit studiere, lachte meine Mutter sehr herzlich und gab mir Ihre Anzeige. Es ist sonst nicht meine Art, auf derartige Scherze zu reagieren, aber der Bauernbursch macht mich neugierig. Wie wäre es, wenn Sie mal bei uns die Sense schwingen, wenn die Koppeln gemäht werden müssen? Wir wohnen in einem alten Bauernhof, der Tradition hat, zwar nicht allzugroß ist, aber alles vermittelt, was so ein g'standenes Weibsbild braucht. Ein ausgeprägtes Pflichtbewußtsein veranlaßt mich, daheim mit anzupakken. Es macht Freude, als freier Mensch seinen Obolus mit beizutragen, damit das Ererbte bewahrt bleibt. Man hat nicht nur einen geistigen Ausgleich, auch keine Zeit zum Ausflippen. Ich reite, schwinge den Kochlöffel gut und bin erfolgreich im Studium. Ich habe satte Oberschenkel vom Reiten, bin aber ansonsten gut gebaut und 1,70 groß.«

Die satten Oberschenkel möcht' ich sehen. Stapel eins.

»Lieber unbekannter Nachbar, wenn das, was Sie von sich schreiben, nicht nur der Feder eines Phantasten entsprungen ist, sondern sich – sagen wir – zu 95 Prozent mit der Realität deckt, dann möchte ich Sie gerne kennenlernen«, schrieb eine ungläubige Pfarrerstochter aus Frankfurt.

Und ich antwortete: »Liebe skeptische Nachbarin, wenn Sie – sagen wir – zu 95 Prozent so hübsch sind wie auf dem Foto und zu – sagen wir – 80 Prozent so optimistisch wie Ihr Aufschwung in dem ›r‹, mit dem Sie Ihre Unterschrift beenden, dann stehen Sie schon mit der linken Zehe vorm Standesamt mit mir. Und mit der rechten sowieso, weil Pfarrerstöchter angenehme Erinnerungen in mir wachrufen.«

Gar keinem Stapel zugeordnet, sondern gleich zurückgeschickt habe ich neben dem Brief der Ordnungsfanatikerin die vier hektographierten Briefe jener Bewerberinnen, die offensichtlich wahllos auf alle möglichen Anzeigen antworteten. Und zurückgegangen ist der Brief der Ludwigshafener Pharmazeutin mit unstillbarem Drang zum Höheren, die sich gleich im ersten Satz der ersten Seite als »multilinguale Carriére-Frau« beschrieb und sich auch auf den 23 weiteren Seiten als erstaunlich gebildet erwies.

Einen Sonderstapel richtete ich für Gudrun und Klaus Reinboth aus Neckargemünd ein, die außer Konkurrenz schrieben:

»Da haben wir uns nun für Experten auf diesem Gebiet gehalten, und nun stoßen wir auf Ihre Anzeige, die so umwerfend gut formuliert ist, daß wir Ihnen einfach unser Buch zum Geschenk machen müssen.« Das Buch heißt »Leitfaden zur Partnersuche« und enthält »Ratschläge für erfolgreiche Inseratgestaltung«. Nur »zur weiteren Information« war eine Rechnung über 24,80 Mark beigelegt.

»Natürlich zweifeln wir nicht daran, daß Sie keine Ratschläge für Ihr weiteres Vorgehen brauchen«, schrieb das Ehepaar Reinboth weiter, »aber Sie werden auch mit Problemen in Berührung kommen, die Sie vielleicht nicht erwartet haben.« Und in der Tat traf mich das Angebot eines 29jährigen Gymnasiallehrers aus der Provinz – »Bitte, hier bin ich, nimm mich, kein Mann fürs Leben, aber ein Freund und Partner« – völlig unvorbereitet.

Damit hatten aber offenbar auch die Reinboths nicht gerechnet, denn in ihrem etwas betulich geschriebenen, aber durchaus nützlichen Buch widmen sie zwar den Problemen von Verwitweten und Geschiedenen mit vielen Kindern viel Aufmerksamkeit, aber über meinen Fall verloren sie kein Wort.

Ein Zweiter, der mich bestürmte, ihm seine Gunst zu erweisen, entpuppte sich nach mehrmaligem Drehen und Wenden seines Briefes dann doch als Irrläufer der Anzeigenabteilung. Er war versehentlich aus dem ZP-Stapel in den für mich bestimmten ZV-Stapel und so in meine unbefugten Hände geraten.

Der Irrtum der Anzeigenleute von der ZEIT erinnerte mich gleich an meine eigene Fehlbarkeit. Vorsichtshalber sah ich noch einmal die fünf Stapel durch, denn kleine Nachlässigkeiten bei der Auswahl könnten schicksalhafte Folgen haben. Es hatte jedoch alles seine Ordnung. Die Rangordnung stimmte. Ein GAI, ein größter anzunehmender Irrtum, war nach menschlichem Ermessen ausgeschlossen.

Das wurde freilich von Tschernobyl auch immer behauptet.

Kapitel 7.1.1

Erstes Zwischenspiel für Inserenten

Noch ein Mensch männlichen Geschlechts bestürmte mich, warb jedoch nicht um meine Gunst, sondern bat um Hilfe beim Formulieren einer Anzeige. Er wolle die Hilfe nicht umsonst, sondern könne es sich leisten, mich zu honorieren.

»Der Einfachheit halber schicke ich Ihnen gleich einen Textversuch mit«, schrieb er. »Ich will ihn möglichst bald in der Süddeutschen Zeitung veröffentlichen, aber er gefällt mir nicht. Ich kann es nicht besser. Könnten Sie mir wenigstens ein paar Tips geben? Ich verlange ja gar nicht, daß Sie mir gleich eine ganze Anzeige basteln.«

Die Anzeige lautete:

Topmanager, Dr. jur.
Er: 47/194/NR, ohne Anh., Individualist mit Herz und Hirn, sehr vermögend und erfolgr., gutaussehend, sportl. (Tennis, Golf, Reiten, Segeln mit eig. Yacht), dynamisch, nicht eingebildet, realistisch-selbsteinschätzend.
Sucht Sie: eine richtige Frau (18 b. 30 J.), mit Stil und Esprit, parkettsicher, in Jeans wie im Abendkleid gleichermaßen attrakt., dazu schlank, zärtl., natürl. und treu.
Ich höre gerne Musik, liebe d. Berge, d. Natur und gutes Essen. Ob Skif. od. Geschäftsessen, ob München, Paris oder London oder in meiner Villa bei Rotwein und Kerzenschein – liebst Du genauso das Außergewöhnliche?

Ich antwortete ihm:

»Keine Angst, Herr Dr. Müller-Meyer, Sie werden Ihr 18jähriges Hürchen schon bekommen, haben Sie doch vom Bankkonto über die Villa bis zur Segelyacht alles fein aufgezählt, was solche Mädchen an dynamischen Lustgreisen so schätzen. Unter diesen Umständen sind viele sogar bereit, die 20 bis 30 Jahre Altersvorsprung als Vorzug zu betrachten.

Etwas schwieriger dürfte es mit der von Ihnen geforderten Treue werden, aber auch die Erfüllung dieses Wunsches erscheint mir nicht ganz aussichtslos. Es soll ja Weibchen geben, die ganz gern Exklusivverträge schließen. Zwar dürften solche Verträge in den meisten Fällen zeitlich begrenzt sein, aber realistisch-selbsteinschätzend, wie Sie sind, können Sie sich sicher gut vorstellen, in einigen Jahren die Jugend Ihrer Vertragspartnerinnen sowieso so weit ausgekostet zu haben, daß Sie dann gern wieder nach frischerem Fleisch greifen.

Zu bedenken gebe ich noch, ob es nicht billiger und abwechslungsreicher wäre, alle paar Wochen oder Monate auf eine Anzeige zu antworten, statt selbst eine aufzugeben. Junge Mädchen, die per Annonce den ›großzügigen Geschäftsmann‹ suchen, um ihn ›bei absoluter Diskretion zu verwöhnen‹, gibt es genug.«

Kapitel 7.2

Rundschreiben, Teil 3

Kein Versehen war der Brief von Luise Kotter aus Baden-Baden, die sich ebenfalls für einen Sonderstapel qualifizierte und schrieb:

»Wie schade, daß ich morgen, 7. Mai, schon den 42. Hochzeitstag feiere, sonst hätte ich Sie gefragt, ob Sie mich wollen? So gut gefiel mir Ihre Annonce! Jedenfalls wünsche ich Ihnen eine glückliche Ehe. Es müssen ja nicht unbedingt sechs Kinder und – bis jetzt – ebenso viele Enkel sein, wie bei mir. Aber sein muß dieses nie zu vergessende: Wir wollen glücklich machen, nicht nur glücklich sein. Und vor allem: Eheleute sind keine siamesischen Zwillinge, jeder braucht einen gewissen Freiraum, ein Eigenleben, Selbstbeherrschung. Leicht ist's nicht.

So, nun geht's ans Kofferpacken. Wir treffen uns dieses Wochenende mit all dem Nachwuchs an schönem Ort.«

Und dann unterschrieb sie einfach mit »Luise«.

Ach Luise, wie gut es tut zu hören, daß es inmitten dieses Sumpfs aus Beziehungskatastrophen, Ehetragödien und Massenvereinsamung tatsächlich noch Menschen gibt, die sich ein Leben lang aneinander und an ihren Kindern und Enkeln erfreuen. Es ist ja im Grunde ein unmögliches Ding, das ich da drehe. Heiraten! Wie anachronistisch, unintellektuell, unkritisch, unfrei, wie weltfremd das ist.

Weiß der Kerl denn nicht, daß bei uns in jedem Jahr über 100000 Ehen geschieden werden, daß jede dritte Ehe früher oder später in die Brüche geht? Weiß er nicht, daß gerade in seinen Kreisen die Scheidungsrate besonders hoch, der Beziehungsfrust besonders groß ist? Weiß er denn nicht, daß es unter den Nichtgeschiedenen kaum glückliche Paare gibt?

Doch, weiß ich, weiß ich alles. Ich kenne die Weise, ich kenne den Text, ich kenne die Herren und Frauen Verfasser: Es gebe in Wahrheit nicht sieben, sondern nur sechs Sakramente, denn Ehe und Buße seien dasselbe, wird gelästert.

»Alle Männer sind auf der Suche nach der idealen Frau – vor allem nach der Hochzeit«, las ich in einer Aphorismensammlung. Und daß die Ehe wenig mit stürmischen Leidenschaften, heftigen Umarmungen und heißen Küssen, aber viel mit dreckigem Geschirr und unbezahlten Rechnungen zu tun hat, habe ich auch schon gemerkt.

Ehemänner, die ihre Frauen betrügen, und Ehefrauen, die ihre Männer hörnen, sind mir ebenfalls bekannt. Auch der Wunsch nach Abwechslung ist mir nicht fremd.

Von morgens bis abends, von der Kindheit bis zum Tod erfahren wir, daß das Leben Veränderung ist, Abwechslung, Unbeständigkeit. Wir kaufen uns zweimal im Jahr neue Klamotten, alle drei bis vier Jahre ein neues Auto, alle sechs Jahre ein neues Wohnzimmer, suchen uns jedes Jahr ein anderes Urlaubsziel, werfen weg, was wir verbraucht haben, wir wechseln den Wohnort und den Beruf – und nur den Ehepartner nicht?

Haben Menschen überhaupt das Recht, einander das lebenslange Treueversprechen abzuverlangen? Ist das nicht eine unmenschliche Überforderung? Werden damit nicht einfach nur egoistische Besitzansprüche in den Rang eines hohen moralischen Wertes erhoben?

Ist es nicht viel ehrlicher, einfach so lange zusammen zu bleiben, wie es gut geht und sich kurz und schmerzlos zu trennen, sobald es nicht mehr geht? Vielleicht gedeiht die wahre Treue ja erst unter dieser Freiheit, die man einander einräumt? Vielleicht gibt es ja auch Menschen, die sogar vorhaben, möglichst jahrzehntelang zusammenzubleiben. Wozu brauchen die einen Trauschein und einen Pfarrer? Was geht das den Staat, was geht das die Kirche an?

Ehen wurden früher von wirtschaftlichen Zwängen, von Konventionen, Kindern und der Kirche zusammengehalten. Die Konventionen gibt es nicht mehr, auf die Kirche hört niemand mehr, Kindern bekommt ein geschiedener Elternteil womöglich besser als die fortgesetzte Hölle einer kaputten Ehe. Und die berufstätige Frau ist nicht mehr darauf angewiesen, bei dem Trog zu bleiben, den ihr der Mann regelmäßig gefüllt hat. Wenn aber solche Zwänge und Konventionen wegfallen, was soll dann noch eine Ehe über die Jahrzehnte hinweg zusammenhalten?

Die Liebe? Ach, wie niedlich. Sollte es tatsächlich noch Menschen geben, die an dieses Märchen glauben? Haben die denn noch nicht gelesen, daß Liebe nur eine chemische Reaktion im Gehirn ist, eine Reaktion, bei der ein Rauschmittel aus der Gruppe der Weckamine namens Phenyläthylamin mit der chemischen Formel $C_6H_5(NH_2)CH_3$ entsteht und in uns diesen verrückten Zustand des Verliebtseins hervorruft? »Der Spatzin scheint es, daß ihr Spatz nicht piepst, sondern sehr gut singt«, beobachtete einst Oscar Wilde, und, so dürfen wir nun vermuten: Es liegt wohl an diesem Phenyläthylamin.

Schließlich die Treue. »Der einzige Unterschied zwischen einer Laune und der ewigen Liebe besteht darin, daß die Laune etwas länger dauert«, spöttelte derselbe Oscar Wilde. Und auch das können wir heute erklären.

Die Untreue ist uns durch jene spiralförmigen Microchips einprogrammiert, die wir Gene nennen und die unseren Leib-Seele-Computer steuern, ohne den geringsten Widerspruch zu dulden, hat die amerikanische Naturwissenschaftlerin Helen Fisher herausgefunden. Daher sei es nur natürlich, daß spätestens nach vier Jahren alles vorüber ist.

Auch der Aachener Psychologe und Soziologe Heinz Meyer haut in diese Kerbe. Er will sowohl mono- als auch polygame Veranlagungen in uns entdeckt haben, die er als echter deutscher Wissenschaftler natürlich anders nennen muß, nämlich monotrop und polytrop, aber darauf kommt es nicht so an. Wesentlich ist vielmehr seine Theorie, daß in der Phase der Verliebtheit die Monotropie in uns überwiege. Danach komme jedoch eine gewisse Ernüchterung – anscheinend ist unser Gehirn nicht fähig, die Liebesdroge Phenyläthylamin in unbegrenzten Mengen zu produzieren – und in dieser Phase, in der die Spatzin merkt, daß ihr Spatz nur piepst, sitze dann unsere polytrope Veranlagung am längeren Hebel.

Damit wäre also wissenschaftlich bewiesen, daß das, was eine Ehe ausmacht, nämlich die lebenslange Treue, überhaupt nicht geht. Warum will ich trotzdem ein Unternehmen starten, von dem schon vorher zu erwarten ist, daß es ja doch zusammenkracht?

Ach, gewiß nicht nur aus reinem Masochismus. Ein paar bessere Gründe hätte ich schon. Nicht der gewichtigste, aber einer der plausibelsten Gründe ist meine tief verwurzelte Skepsis gegen alles, was sich als »wissenschaftlich bewiesen« aufplustert.

Das meiste davon sind Meinungen. Wissenschaftler wissen bedeutend weniger, als sie zu wissen vorgeben, und darum richte ich mich schon lange nicht mehr nach ihnen.

Auch die Statistik ist kein Argument. Aus noch so vielen gescheiterten Ehen folgt nicht, daß meine Ehe ebenfalls scheitern muß.

Bleibt die Behauptung, die Ehe sei ein Buch, bei dem nur das erste Kapitel aus Poesie bestehe – der Rest sei Prosa.

Bestehen denn die langjährigen wilden Ehen aus lauter Poesie? Ist das Leben der Singles und Hagestolze die pure Lyrik? Und was ist eigentlich gegen gute Prosa einzuwenden? Es muß ja nicht immer Simmel sein.

Nein, bevor ich gleich kapituliere, will ich es wenigstens einmal probiert haben. Es könnte ja klappen. Geht es schief, wie alle Welt es erwartet, habe ich ja noch immer Gelegenheit, mich endgültig aufzuhängen.

Kapitel 7.2.1

Zweites Zwischenspiel für Inserenten

Von Herrn Müller-Meyer erwartete ich, nie wieder etwas zu hören. Statt dessen verblüffte er mich mit einem Scheck über 500 Mark und einem Brief, in dem er schrieb:

»Nach Lektüre Ihrer unverschämten Antwort bin ich sogleich zum Flughafen gefahren, um mir ein Ticket für die nächste Maschine nach Frankfurt zu besorgen. Ich war fest entschlossen, Sie aufzusuchen und Ihnen Ihre Frechheiten um die Ohren zu schlagen.

Auf dem Weg zum Flughafen wurde mir jedoch klar, daß Sie in der Sache recht haben, so daß ich Ihnen nur noch Ihren Ton übelnahm. Die nur noch halb so große Wut reichte nicht mehr, um den Wunsch, Sie zu verprügeln, aufrechtzuerhalten. Also kehrte ich um und fuhr nach Hause.

Auf dem Weg nach Hause verflog dann auch noch die andere Hälfte meiner Wut, denn nun wurde mir klar, daß Sie so drastisch schreiben mußten. Hätten Sie höflicher geschrieben, wäre die Wahrheit, die Sie mir mitteilten, bestimmt nicht in meinen dikken Schädel gedrungen.

Ich danke Ihnen daher, daß Sie mir die Augen geöffnet haben, honoriere das mit dem beigelegten Scheck und bitte Sie nun erneut, mir beim Abfassen meiner Anzeige behilflich zu sein. Hier also noch einmal mein Textversuch:«

Topmanager, Dr. jur.

Ich habe es eigentl. nicht nötig, und Sie auch nicht. Aber wir beide sind nicht einf. zu finden, desh. su. ich mangels Zeit und Gelegenh. auf diesem unübl. Weg eine genauso unübl., nette, treue, unbed. attrakt. Lady mit Stil, Niveau und Humor (zw. 28 und 35).

Ich: 47/194/NR, ohne Anh., Individualist mit Herz und Hirn, vermögend und erfolgr., gutaussehend, sportl. (Tennis, Golf, Reiten, Segeln), humorvoll, nicht eingebildet, realistisch-selbsteinschätzend.

Sie: sollten natürl., romant., humorvoll, sportl., modisch vagant und ehrl. sein und Sinn fürs Gehobene haben. Wenn Sie dazu noch parkettsicher sind, Stil u. Esprit haben, in Jeans ge-

nausogut passen wie ins Abendkl., und schlk. sind, möchte ich mit Ihnen b. Rotw. u. Kerzenschein die schönen Seiten des Lebens genießen.
Ich höre gerne Musik, liebe d. Berge, d. Natur und gutes Essen. Ob Skif. oder Geschäftsessen, ob München, Paris oder London – liebst Du genauso das Außergewöhnliche?

»Die Yacht und die Villa habe ich schon gestrichen, wie Sie sehen, und das Mindestalter meiner Wunschkandidatin auf 25, das Höchstalter auf 33 Jahre heraufgesetzt. Auch der Hinweis auf meine finanziellen Verhältnisse ist jetzt etwas dezenter formuliert.

Das mag Ihnen noch immer als viel zu jung erscheinen. Aber hier bitte ich Sie, einfach zu akzeptieren, daß ich was Junges brauche. Ich bin ein g'standenes Mannsbild, wie man hier in München sagt, stehe noch voll im Saft, und als Greis fühle ich mich noch lange nicht. Auch Sie werden einmal alt und die Mordlust kennenlernen, die in Ihnen erwacht, wenn Ihnen ein junger Schnösel die Keule ›Lustgreis‹ über den Schädel zieht, um Ihnen die Freude an den Mädchen zu vergällen, die er selber gerne hätte.

Selbstverständlich will ich keine Nutte zur Frau. Mit meinem Wunsch nach einer Verbindung auf Dauer ist es mir schon ernst. Darum habe ich versucht, die Seriosität meines Anliegens im zweiten Versuch meiner Anzeige deutlich zu machen.«

Ich antworte ihm:

»Sie scheinen doch nicht ganz der Blödmann zu sein, für den ich Sie hielt, wenngleich ich es nach wie vor für vermessen halte – und sei es, wie Sie mir wohl nicht ganz zu Unrecht unterstellen, aus reinem Neid –, sich auf eine zwanzig Jahre jüngere Frau zu versteifen. Deshalb, aber auch wegen des Schecks, den ich gut gebrauchen kann, doch vor allem wegen Ihres zweiten Anzeigenversuchs nehme ich Ihr Angebot an.

Sie sind nämlich so etwas wie ein Genie, Herr Dr. Müller-Meyer, denn fast wäre Ihnen die endgültige Durchschnitts-Gesamt-Heiratsanzeige gelungen. Sie haben es geschafft, so gut wie kein Klischee auszulassen, das einfallsloseste Schema zu benutzen und mit den ausgelutschtesten Wörtern so abgeschmackte Phrasen zu dreschen, daß ich nicht mehr widerstehen kann, Ihnen zu antworten.

Es geht schon damit los, daß Sie, wie 1001 andere auch, lügen, ›es eigentlich nicht nötig zu haben‹ und die unrealistische Forderung stellen, nur von solchen angeschrieben zu werden, die ›es eigentlich auch nicht nötig haben‹. Aber selbstverständlich haben Sie es nötig, eine Anzeige aufzugeben, Herr Dr. Müller-Meyer, sonst täten Sie es ja nicht, und selbstverständlich können Sie nur Antworten von solchen erwarten, die es ebenfalls nötig haben, denn die anderen schreiben Ihnen sowieso nicht. Also: Streichen Sie diesen Unsinn.

Wer es nötig hat, aber meint, es sei peinlich, dies zuzugeben, sollte besser gar nicht erst inserieren, denn wenn er es doch tut, kann alles weitere eigentlich nur in einen Krampf ausarten. Aus demselben Grund sollte auf Anzeigen auch nicht antworten, wer meint, es eigentlich nicht nötig zu haben.

Ersparen können Sie sich auch den Hinweis, daß Sie ›auf diesem unüblichen Weg‹ die Frau suchen, die Ihr Geld durchbringt, denn erstens sieht man ja, daß Sie das tun, und zweitens können Sie einen Weg, der am 16. Juli 1695 von einem Engländer zum ersten Mal beschritten, seitdem von Millionen breitgetreten worden ist und künftig von noch mehr Millionen noch breiter getrampelt werden wird, im Ernst nicht mehr als ungewöhnlich bezeichnen. Da also die Partnersuche per Anzeige höchstens für den Mann hinterm Mond noch eine außergewöhnliche Sache sein mag, sollten Sie als Mann von der nördlichen Halbkugel ganz auf die Erörterung dieses Themas verzichten. Auch eine Entschuldigung, wie ›mangels Zeit und Gelegenheit‹, ist überflüssig, schon deshalb, weil sie Ihnen sowieso keiner glaubt.

Sie hätten also getrost die ersten zweieinhalb Zeilen streichen und statt dessen alle Wörter in Ihrer Anzeige ausschreiben können. Nichts wäre verlorengegangen und die Anzeige trotzdem billiger, dafür aber lesbarer geworden. Aus Dankbarkeit für den Scheck habe ich mir die Mühe gemacht, Ihre Anzeige noch einmal abzutippen, aber ohne Abkürzungen. Wissen Sie, um wieviel Ihr Text länger wurde? Um eine einzige Zeile.

Ihr Knausern mit jedem Buchstaben senkt die Kosten für die

Anzeige weniger, als Sie vielleicht gehofft haben, und erschwert das Lesen mehr, als Sie ahnen. Zudem setzt ein Mann wie Sie sich mit so einer Buchstabensparerei auch noch dem Verdacht aus, einer von jenen Typen zu sein, die zwar Geld haben und durchaus ihrer Frau mal eine Perlenkette schenken, aber danach trachten, sie möglichst im Sonderangebot oder vom Hehler zu bekommen.

Mit dem, was Sie sonst noch schreiben, mit dem Stil, in dem Sie das tun, könnten Sie es durchaus zum Lokalreporter der Schongauer Nachrichten bringen, denn des Lokalreporters schwungvollen Griff in die Schablonenkiste haben Sie schon voll drauf. Wie der Lokalreporter für seinen Bericht über das ›Gemütliche Beisammensein‹ der Taubenzüchter unweigerlich das ›leibliche Wohl‹ aus seiner Kiste zieht, für das in altbewährter Manier die Ehefrauen der Taubengockerer gesorgt hatten, und wie er gleich danach erzählt, daß auch das ›Tanzbein geschwungen‹ werden konnte, so haben Sie, verehrter Herr Dr. Müller-Meyer, Ihre Anzeige überreichlich mit gestanzten Fertigteilen aus dem Heiratsannoncen-Lager ausstaffiert.

Nehmen Sie nur das ›Gemütliche Beisammensein‹, das nicht nur die Lokalreporter, sondern auch Anzeigenpoeten wie Sie in ihren Anzeigen immer heraufbeschwören. Was darf dabei auf keinen Fall fehlen?

Rotwein muß da sein, richtig. Und was komplettiert das Glück zu zweit, na? Kerzenschein, gut geraten. Der Wortzwilling ›Rotwein und Kerzenschein‹, ohne den auch Sie nicht auszukommen glauben, gehört seit rund einem Jahrzehnt zur Heiratsanzeige wie der röhrende Hirsch zum Wohnzimmersofa.

Die zwei allein machen natürlich noch keine Idylle. Was sonst noch dazugehört, finden Sie alles, alles in der Zeitung. Schlagen Sie nur die Seite mit den Heiratsanzeigen auf. Wetten, daß Sie garantiert auf jemand stoßen, der einen ›adäquaten‹ und möglichst ›sturmerprobten‹ Partner ›zum Pferdestehlen‹ sucht, einen, der zwar schon ›Ecken und Kanten‹ hat, dafür aber die ›Höhen und Tiefen des Lebens‹ kennt und darum ›mit beiden Beinen‹ nicht etwa auf dem Boden des Grundgesetzes, sondern auf dem Boden überhaupt oder wenigstens im Leben steht? Mit so einem geht unsereins gerne durch ›dick und dünn‹, nicht wahr?

Wie gut, daß es solche Fertigelemente für Anzeigenarchitekten wie für Lokalreporter gibt, denn was täte dieser, wenn er beim Schreiben seines jährlichen Berichts über die Eröffnung der Badesaison in den städtischen Freibädern ohne Schablonenkiste dastünde? Da müßte er ja hinfahren und schauen, was wirklich passiert. So aber kann er am Schreibtisch sitzen bleiben, denn es genügt, hineinzustechen ins pralle Kistenleben, und schon zappeln ›alt und jung‹ an des Dichters spitzer Feder. Jetzt muß ›alt und jung‹ nur noch springen, aber niemals in bloßes Wasser, sondern immer ins ›kühle Naß‹, und fertig ist die Bildzeile. Und was tun die Männer im Gesangverein, wenn der Reporter drüber schreibt? Singen? Niemals. Deutsche Männer pflegen das deutsche Liedgut.

Wie dem Reporter der ›wohlverdiente Ruhestand‹, die ›harsche Kritik‹, die ›händeringende Suche‹ und die ›harten Bandagen‹, mit denen immer und überall gekämpft wird, das Denken ersparen, so ersparen dem Anzeigentexter die ›langen Gespräche‹ am ›offenen Kamin‹ mit der ›attraktiven Mädchenfrau‹ in ›Jeans oder Abendkleid‹ die eigene Anstrengung. Dem Lokalreporter muß man das verzeihen, denn Lokalredaktionen sind immer zu dünn besetzt und erfordern daher Journalisten, die schneller schreiben müssen, als sie denken und recherchieren können.

Sie jedoch, Herr Müller-Meyer, haben Zeit, und darum sollten Sie sich nicht einfach ein Patchwork aus anzeigenüblichen Phrasen zusammenflickschustern. Es wirkt ein wenig lächerlich, wenn sich Heiratsinserenten solcher Massenartikel bedienen, um sich damit als die absolut einmaligen und besonders besonderen Individualisten zu beschreiben.

Auch Sie, Herr Dr. Müller-Meyer, sind so ein kurioser ›Individualist mit Herz und Hirn‹. ›Humor‹ hätten Sie noch dranhängen sollen, dann hätten Sie einen beliebten Drilling gehabt. Auch mit Ihren ausgefallenen Hobbies – Tennis, Golf, Reiten, Segeln – stehen Sie unter den restlichen 690 000 golfenden, segelnden und reitenden Einzelstücken gut da.

Mit den anderen Anzeigenhits wie ›Stil und Esprit‹ oder ›Jeans und Abendkleid‹ haben Sie sich ebenfalls gut versorgt, obgleich die Sache noch ausbaufähig gewesen wäre. Da Sie ja angeben, gerne Musik zu hören, hätten Sie bei Ihrem gemütlichen Beisammensein bei Rotwein und Kerzenschein ruhig ein paar Platten von ›Bach bis Beatles‹ auflegen können. Aber vielleicht lieben Sie ja nur Brahms. Macht nichts. Mit Brahms lassen sich wunderbare Pläne für den ›Urlaub am Meer‹ schmieden. Auch gemeinsames Träumen vom ›Töpfern in der Toskana‹ gelingt besser mit Musik.

Genug für heute. Daß einer bei dem Versuch, sich taufrisch und einprägsam als etwas ganz Besonderes darzustellen, nicht gut die massenhaft verwendeten Fertigelemente aus der wöchentlichen Anzeigen-Öde gebrauchen kann, haben Sie gelernt. Was Sie sonst noch unterlassen sollten, sage ich Ihnen vielleicht beim nächsten Mal. Was Sie schreiben müssen, um Ihrer Einmaligkeit einigermaßen gerecht zu werden, werde ich Ihnen jedoch beim besten Willen nicht sagen können, denn ich kenne Sie ja nicht.

Ich frage mich auch, ob es überhaupt sinnvoll ist, irgend jemandem irgendwelche Tips zu geben, denn wenn sich jeder nur so gut darstellt, wie er eben kann, dann wird er wohl auch so sein. Und wenn das so ist, bedeutet das das größtmögliche Maß an Wahrhaftigkeit, denn mit seiner Anzeige verrät jeder mehr, als er möchte.

Daher ist es vielleicht gar nicht so gut, Sie mit Tips und Tricks zu versorgen, denn wenn Sie diese anwenden, stellen Sie sich ja auf raffinierte Weise als anders dar, als Sie sind. Und damit betrügen Sie nicht nur das Publikum, sondern auch sich selbst. Ihnen schreiben dann die Verkehrten, die sich ein ganz bestimmtes Bild von Ihnen gemacht haben und später beim persönlichen Kennenlernen enttäuscht feststellen müssen, daß Sie ganz anders sind. Und die anderen, die vielleicht ganz zufrieden mit Ihnen gewesen wären, haben Ihnen nicht geschrieben.«

Kapitel 7.3

Rundschreiben, Teil 4

Aber eigentlich kann es nur schiefgehen. Da ist einer von der fixen Idee besessen, daß auf diesem großen Erdball eine Frau herumläuft, die zu ihm paßt wie ein Schlüssel zu seinem Schloß. Und dieser Schlüssel bildet sich tatsächlich ein, daß er dieses Schloß finde.

Selbst die Suche nach der Stecknadel im Heuhaufen erscheint erfolgsträchtiger, wenn man sich überlegt, wie viele Menschen weiblichen Geschlechts es auf dieser Welt gibt. Sind es zwei Milliarden, sind es schon drei?

Seien wir bescheiden, sagen wir, es sind zwei. Davon ist zwar die Mehrheit zu jung, zu alt oder schon vergeben. Aber wenn nur ein Rest von zehn Prozent übrigbliebe, was eher zu pessimistisch geschätzt ist, dann wären das immerhin 200 Millionen potentieller Ehefrauen für den Kandidaten.

Nun stellt der Kandidat aber Ansprüche, so daß 99 Prozent des ganzen Kandidatinnen-Reservoirs schon einmal ausscheiden, weil sie ihm zu ungebildet, zu wenig schön, zu reich, zu klein, zu groß, zu zänkisch oder kulturell zu fremd sind. Bleiben immer noch zwei Millionen übrig.

Selbst unter der unrealistisch günstigen Annahme, daß der Kandidat Gelegenheit hätte, von diesen zwei Millionen Frauen 50 Jahre lang jeden Tag zehn andere kennenzulernen, wären es rund 1,8 Millionen zu viel, denn in diesen 50 Jahren brächte er es nicht einmal auf 200000 Bekanntschaften, also auf weniger als zehn Prozent.

Die Realität sieht natürlich noch viel schlimmer aus, denn erstens lernt man nicht jeden Tag zehn neue Frauen kennen, und zweitens hat man keine 50 Jahre Zeit. Pro Tag eine einzige Neue wäre noch immer zu hoch geschätzt, drückte die Chance aber schon auf ein Prozent.

Da man, von Ausnahmen abgesehen, bis zum 25. Lebensjahr zu jung und ab dem 35. Jahr zu alt fürs Heiraten ist, bleiben einem auch keine 50 Jahre, sondern im Durchschnitt nur zehn.

Das senkt die Wahrscheinlichkeit auf zwei Promille, und damit haben wir eine Erklärung, warum so viele Ehen scheitern müssen.

Die zur Verfügung stehende Zeit reicht einfach nicht, um die große Zahl der potentiellen Ehepartner durchzusieben. Darum neigen Schloß und Schlüssel dazu, aufeinander zuzugehen, obgleich sie nur ungefähr zusammenpassen. Wenn sie sich nur genügend lange aneinander reiben, sich zusammenraufen, wie man in Bayern sagt, dann schleifen sich die Ecken und Kanten mit der Zeit schon so ab, daß beides doch noch aufeinander paßt, hoffen sie.

Sind Schloß und Schlüssel noch jung, also elastisch, flexibel und noch nicht so differenziert, kann sich die Hoffnung erfüllen. Sind sie schon älter, also schon etwas spröde, vom Leben gehärtet und mit komplizierten Gravuren versehen, geht's schwerer.

Mit mir geht es schwer.

Ganz schwer geht es mit emanzipierten Frauen. Früher machte es nichts, wenn ein Mann kompliziert war, denn früher war die Anpassungsleistung die Aufgabe der Frau, und darum war jede Frau superelastisch, flexibel und anschmiegsam. Sie legte ihren ganzen Ehrgeiz in das Bemühen, sich auch noch den krudesten Formen des männlichen Charakters anzupassen.

Das war sehr einfach für unsereinen. Heraus kamen aber krude weibliche Charaktere.

Ich will kein krudes Weib.

Es wird also ganz schwer.

Kapitel 7.3.1

Drittes Zwischenspiel für Inserenten

»Mein lieber junger Freund«, antwortete mir Herr Dr. Müller-Meyer, »so einfach gehäkelt, wie Sie denken, bin ich nun doch nicht. Wahrscheinlich können Sie sich einfach nicht vorstellen, daß es differenzierte Menschen gibt, die in der Kunst des Schreibens trotzdem auf C-Klassen-Niveau verharren. Also lassen Sie die Sache mit dem Betrug und Selbstbetrug mal meine Sache sein. Wenn Sie aber wirklich so arrogant sein sollten, daß Sie annehmen, alle Menschen müßten so professionell schreiben können wie Journalisten oder gar Schriftsteller, dann frage ich Sie: Wozu bräuchten wir dann noch Sie und Ihresgleichen?

Also: Wollen Sie nun bitte einem C-Klasse-Schreiber wenigstens zum Aufstieg in die B-Klasse verhelfen? Anbei ein Scheck über 500 Mark und mein dritter Versuch.«

Topmanager, Dr. jur.

Ich bin: 47 Jahre jung, 194/NR, ohne Anhang, gutaussehend, sportlich, humorvoll, nicht eingebildet.
Ich habe: Freude an meinem Beruf, deshalb Erfolg und daher keine Geldsorgen.
Ich mag: Mut, Toleranz, Herzensbildung, Selbstbewußtsein und Phantasie.
Ich mag nicht: Engstirnigkeit, die Feigheit, die Intoleranz und die Lüge.
Ich möchte: eine Frau zum Heiraten; gut aussehen soll sie, schlank soll sie sein, elegant und dabei natürlich, romantisch, treu und lieb.

Artig bedankte ich mich bei Herrn Dr. Müller-Meyer: »Da sich Ihre Motivationsverstärker sehr heilsam auf mein schwindsüchtiges Konto ausgewirkt haben, nehme ich auch Ihren zweiten Scheck an. Aber bitte keinen dritten mehr. Heute kann ich Sie schon mal ein bißchen loben. Ihr dritter Versuch reicht zwar noch nicht für den Aufstieg in die B-Klasse, aber immerhin für ein paar Plätze zum Vorrücken in der C-Klasse.

Den Durchmarsch in die Bundesliga werden wir wohl nicht mehr schaffen, und darüber bin ich nicht einmal unglücklich. Wenn nämlich alle Ratgeberei die Schreibe eines Menschen nicht wesentlich ändern wird, dann kann auch ein in Stilfragen bestens Beratener sein Publikum nur mäßig täuschen. Ich darf daher, glaube ich, trotz meiner Beratung und Ihrer Schecks ein gutes Gewissen Ihrem Publikum gegenüber haben – Ihnen gegenüber weniger, aber es trifft ja keinen Armen.

Löblich an Ihrem dritten Versuch ist, daß Sie sparsam mit den Klischees umgegangen sind. Aber der Verzicht auf eine der vielen im Annoncen-Einerlei verbreiteten Unsitten macht noch keine hinreißende Heiratsanzeige.

Verzichten Sie darum als nächstes auf die 08/15-Schemata. Ein solches 08/15-Schema ist zum Beispiel Ihr ›Ich habe, Ich bin, Ich mag und mag nicht‹.

Was besagt das schon, was Sie haben, mögen und nicht mögen, und wer glaubt das schon, was zu sein Sie vorgeben? Und bei den Wenigen, die das noch glauben, verbreiten Sie trotzdem gähnende Langeweile.

Einige Inserenten, immerhin, merken, wie blöd diese einfallslosen und zumeist auch noch maßlos überzogenen Selbstanpreisungen nach dem Ich-habe-ich-bin-Schema sind und drücken ihren Protest und ihr Unbehagen mit dem gegenteiligen Strickmuster aus: ›Ich bin ein dummes, altes, häßliches Nilpferd und suche den jungen, schönen, genialen Superhengst.‹

Der erste, der in grauer Vorzeit auf diese Idee verfiel, war ja noch mäßig originell, aber schon er blieb im Schema. Spätestens nach dem 99., der das kopiert hat, hätte sich der 100. etwas anderes einfallen lassen müssen, und Sie, Herr Müller-Meyer, sind schätzungsweise der 100001. Kommen Sie mir also bei Ihrem nächsten Versuch bloß nicht mit dem 08/15-Umkehrschema. Und auch mit der Masche des kleinen Schelms – ›Ein Supermann und Millionär‹ in dicken Lettern, dann klein weiter: ›bin ich zwar nicht, aber ein nettes Kerlchen mit Schirm, Charme und Melone...‹ – fangen Sie lieber gar nicht erst an.

Außerdem sollten Sie sich allmählich eine andere Überschrift, einen besseren Aufhänger einfallen lassen. Mit diesem ›Topmanager, Dr. jur.‹ imponieren Sie nur denen, für die einer wie Sie sich gar nicht sonderlich interessiert. Die aber, die Sie reizen, gähnen ein wenig und fragen sich: Topmanager, na gut, ganz schön, die gibt es zu Hunderten in meinen Kreisen, aber ist das alles, was er ist? Persönlichkeit scheint er nicht zu haben, denn hier steht nur, daß er, wie hunderttausend andere auch, ein Manager und ein Freizeitsportler ist und die üblichen Ansprüche stellt. Wer sich so definiert, wer sich darauf reduziert, in dem steckt vermutlich auch nicht mehr, oder?

Und lassen Sie den Unsinn mit den 47 Jahren, die Sie ›jung‹

sind. Ewige Jugend mag unter allen Entwicklungsstörungen die angenehmste sein, eine Störung bleibt es doch. Und jeder, der es liest, merkt sowieso Ihr trotziges und ein wenig peinliches Bemühen, dem unbestreitbaren Faktum etwas Positives abzuquälen.

Das gilt auch für all die Geschiedenen, die meinen, ihren Status mit dem Wörtchen ›eheerfahren‹ aufmotzen zu müssen. Wozu? Die unbedeutende Minderheit, die Scheidung als Makel betrachtet, wird sich auch durch die positive Umdeutung nicht dazu überreden lassen, darin plötzlich einen Vorzug zu sehen. Die vielen anderen, die das Scheitern einer Ehe weder für ehrenrührig noch für adelnd halten, werden nicht einsehen, warum die Sache unbedingt ins Positive gewendet werden muß. Und der große Rest, der glaubt, daß man im allgemeinen etwas lernt, wenn etwas schiefgeht, muß sowieso nicht überzeugt werden.

Ähnlich ist es mit jenen Inserenten, vorzugsweise Frauen, die jubeln: Endlich 40! Das Buch mit diesem Seufzer der Erleichterung als Titel und der Schilderung, was für eine Freude es ist, 40 zu werden, ist zwar schon vor einer Weile geschrieben worden, aber noch immer wird es gern zitiert. Mich erinnerte die Geschichte schon damals an das Pfeifen im Walde.

Was mich an den endlich 40 Gewordenen, Eheerfahrenen und 70 Jahre jungen vor allem stört, ist deren gedankenlose Übertragung der Konsumgüterwerbung auf sich selbst. Da stöhnen die Leute über das Unpersönliche, das nüchtern Geschäftsmäßige solch einer Anzeigenaktion, aber es fällt ihnen nichts Besseres ein, als sich in den Anzeigenspalten mit den Methoden von Marktschreiern und Viehhändlern zu verkaufen.

Wenn es schon ein Problem ist, 40 geworden zu sein, und man das Gefühl hat, es thematisieren zu müssen, dann sollte man es nicht schönfärben, sondern allenfalls ironisieren, etwa in der Art, daß man schreibt: Ich feiere schon zum siebten Mal hintereinander meinen 33. Geburtstag. Aber für viel besser halte ich es, zu dem Faktum einfach zu stehen. Alter ist kein Verdienst, aber eine Schande ist es auch nicht.

Da wir schon beim Abschaffen und Unterlassen sind: Schaffen Sie die Adjektive ab, auch die substantivierten. Nichts ist untauglicher zur Selbstbeschreibung und zur Beschreibung des erwünschten Partners als eine Aufzählung von Eigenschaften, wie Sie es in Ihrem Drittversuch praktizieren.

Es spricht ja nicht gegen Sie, was Sie alles mögen: Mut, Toleranz, Herzensbildung, Selbstbewußtsein und Phantasie. Aber was ist mit dem Geist, der Freiheit und der Menschlichkeit? Mögen Sie die etwa nicht? Doch, auch? Warum haben Sie's nicht geschrieben?

Und dann hassen Sie die Engstirnigkeit, die Feigheit, die Intoleranz und die Lüge. Aber was ist mit der Unfreiheit, der Folter, dem Duckmäusertum? Lieben Sie die etwa? Nein, nicht? Nur vergessen? Wer weiß, was Sie noch alles vergessen haben?

Zwei Wissenschaftler namens Allport und Odbert haben 1936 gezählt, wieviel Adjektive die englische Sprache hat. Sie kamen auf 17 953.

Da die deutsche Sprache kaum weniger haben dürfte, heißt das, wenn Sie dieses Eigenschaften-Reservoir nur zu einem Prozent für Ihre Selbstbeschreibung ausschöpfen wollten, bräuchten Sie schon 180 Adjektive. Und wenn diese Reihe das Wörtchen ›originell‹ enthielte, hätten Sie sich auch noch selbst der Lüge überführt. Verzichten Sie also auf die Versuchung, sich selbst durch eine langweilige Aufzählung von Eigenschaften zu beschreiben.

Es wird auch nicht besser, wenn versucht wird, die Eigenschaften zu differenzieren: großzügig, aber nicht verschwenderisch; mutig, aber nicht tollkühn; tolerant, aber nicht gleichgültig. Manche Männer halten sich schon für großzügig, wenn sie ihrer Frau eine Küchenmaschine zu Weihnachten schenken, und anderen erscheint ein 10000-Mark-Brilli noch durchaus im Rahmen. Manche wähnen sich tollkühn, weil sie vom Dreimeterbrett ins Wasser hechten, andere zählen den Absprung mit dem Fallschirm aus 10000 Meter Höhe zu einer ihrer leichtesten Übungen. Und wieder andere betrachten es als mutig, mit 100 durch die Stadt zu rasen. Also Sie sehen: Adjektive bringen nichts.

Hinzu kommt: Was da in den Anzeigenspalten so alles aufgezählt wird, läuft ja doch immer auf dasselbe hinaus, und darum wäre es einfacher und billiger, gleich zu schreiben: Ich liebe das Wahre, Gute, Schöne und hasse das Falsche, Schlechte, Häßliche.

Oder noch kürzer: Ich bin für das Gute. Damit ist alles abgedeckt, inklusive Abscheu und Entsetzen vor dem Bösen. Das schreibt natürlich keiner. Da käme man sich denn doch ein wenig zu dürftig vor. Aber die Aufdröselung des Begriffs ›gut‹ in eine Reihe guter Eigenschaften beseitigt die Dürftigkeit nicht, sondern kaschiert sie nur.

Auch Sie, Herr Dr. Müller-Meyer, hätten Ihre Aufzählung, was Sie alles sind und wie Ihre Wunschfrau sein sollte, auf den Satz eindampfen können: Ich bin toll, und meine Frau sollte es ebenfalls sein.

Jetzt sind Sie wahrscheinlich ziemlich ratlos und denken: Wie man's auch macht, es ist immer verkehrt. Ja, meistens ist es verkehrt, wie die Lektüre der allwöchentlichen Anzeigenseiten lehrt, und das wundert mich gar nicht, denn der Versuch, in ein paar Sätzen etwas von seinem Wesen durchscheinen zu lassen, ist im Grunde eine Überforderung. Wer nicht gerade ein Dichter ist, muß fast notwendig scheitern.

Herr Dr. Müller-Meyer und Herr Nürnberger sind nämlich etwas ungeheuer Komplexes, und zu glauben, aus dieser schier unendlichen Komplexität ließe sich so etwas wie das Wesen der beiden Herren extrahieren und in ein paar dürre Sätze fassen, ist die blanke Idiotie. Die auf wenige Zeilen komprimierten Persönlichkeitsbeschreibungen, wie sie in Heiratsanzeigen üblich sind, werden keiner Person gerecht, müssen zwangsläufig so allgemein und damit nichtssagend sein, daß sie auf jede beliebige Person zu passen scheinen.

Und dennoch rate ich nicht zur Kapitulation. Viel wäre nämlich schon gewonnen, wenn sich die Inserenten bewußtmachten, wie unmöglich das ist, was sie da versuchen. Wer sich hinhockt und sich sagt: Ich muß jetzt die unlösbare Aufgabe lösen, mit Hilfe von wenigen Worten etwas von meiner Person zu vermitteln – der wird weniger blamabel scheitern als einer, der irgend etwas hinsudelt.

Wer sich die Aufgabe bewußtmacht, wird eher als der gedankenlose Sudler einen Text verfassen, der mehr ist als die Summe seiner Wörter.

So einer kommt möglicherweise auf die produktive Idee, statt ein paar Daten, Fakten und Eigenschaften aneinanderzureihen, etwas von seiner persönlichen Eigenart zu erzählen. Vielleicht erzählt er sogar eine kleine Geschichte über sich. Aber sie muß eben wirklich ›er-zählt‹ und nicht aufgezählt werden.

Und das heißt: Bezeichnen Sie sich nicht als humor- und geschmackvoll. Das tut jeder. Oder kennen Sie jemanden, der von sich sagt, er sei humor- und geschmacklos? Seien Sie statt dessen humorvoll. Erzählen Sie eine kleine Anekdote, die Sie charakterisiert, die Ihre Art von Geschmack und Humor durchscheinen läßt, machen Sie sich über sich selber lustig, und halten Sie Distanz zu sich selbst.

Behaupten Sie nicht, über Phantasie zu verfügen, sondern schreiben Sie etwas Phantasievolles. Loben Sie nicht Ihr Temperament, sondern formulieren Sie temperamentvoll. Schwärmen Sie nicht von Ihrer Einmaligkeit, sondern gestalten Sie eine einmalige Anzeige, deren Individualität sofort auffällt, kurz: Beweisen Sie, daß Sie wirklich sind, was andere bloß zu sein vorgeben. Aber fragen Sie mich nicht, wie Sie das anstellen sollen. Es gibt keine Regeln. Sie müssen sich etwas einfallen lassen.«

Kapitel 7.4

Rundschreiben, Teil 5

Eva, Friederike, Gerti und noch viele andere hörten die Nachtigall trapsen. Ziemlich laut sogar.

Wie das denn mit dem »Dienen« zu verstehen sei, fragten sie mit dezent lauerndem Unterton. Auch »die Sache mit den Klamotten-auf-den-Tisch-Legen« wollte ihnen nicht recht schmekken. Und schließlich fanden sie merkwürdig, daß ich so entschlossen auf Heirat, Trauschein, Ehe poche.

Ein scharfes Gerüchlein von Chauvinismus stieg ihnen in die Nase. Verbirgt sich da etwa hinter einer unkonventionellen Anzeige ein ganz konventioneller Macho, der nichts weiter will als seine Sicherheit, ein geregeltes Leben und eine züchtig waltende Hausfrau, die ihn morgens mit dem Frühstück empfängt, danach seinen Alltag organisiert, abends die Pantoffeln bringt und ihn auch vor dem Einschlafen noch demütig bedient?

Wer so denkt, tut mir natürlich bitter unrecht. Ein Heimchen am Herd ist das Letzte, was ich will. Und wer genauer las, müßte eigentlich das entscheidende Wörtchen »einander« gelesen haben.

Ich fragte ja nicht, wer mich bedienen wolle, sondern setzte nur diesen altmodischen Imperativ »Dienet einander« gegen das modische Selbstverwirklichungsgeschwätz. Die Nächste, an die ich mich binde, soll nämlich die Endgültige sein. Und das kann nur klappen, wenn beide bereit sind, sich umeinander zu kümmern.

Ich kann mir natürlich auch ein Zusammenleben vorstellen, bei dem sich jeder nur um sich selber kümmert. Aber wozu wäre man dann zusammen?

Gut vorstellen kann ich mir auch jene Verbindungen, die durch die Selbstverwirklichungstrips des einen oder anderen oder beider ruiniert werden. Und deshalb habe ich die Selbsterfahrungs-Nölen, deren Briefe mit Wörtern wie Identitätssuche und Selbstfindung schwer beladen waren, auf die hinteren Stapel geschoben.

Ich weiß schon, daß in der klassischen Ehe die Frau sich um den Mann, die Kinder und alles andere kümmert, nur nicht um sich selbst, während sich der Mann um sich selbst und sonst gar nichts kümmert. Und darum verstehe ich, wenn solche Frauen ausbrechen wollen und in der Selbsterfahrungsgruppe landen.

Ich verstehe sogar, wenn so eine Frau anschließend versucht, mal das umgekehrte Modell der klassischen Ehe zu verwirklichen: Irgendein Mann organisiert *ihr* das Leben, und *sie* geht auf den Egotrip. Soll sie ruhig machen. Nur nicht mit mir.

Darum möchte ich eine, mit der man es gleich richtig machen kann; am besten eine, die sich schon gefunden hat und seitdem weiß: Wer auf der Suche nach sich selbst tatsächlich fündig wird, ist dann ja doch ein wenig enttäuscht über seinen Fund.

Kapitel 7.4.1

Viertes Zwischenspiel für Inserenten

»Kann sein, daß alle Beratung in Stilfragen zwecklos ist«, räumte Herr Dr. Müller-Meyer ein, »aber ich beharre trotzdem auf weiteren Verrissen meiner Übungen, zumal ich Sie inzwischen so fürstlich entlohnt habe, daß ich Ihrer Bitte, auf die Beigabe weiterer Schecks zu verzichten, gerne nachkomme. Statt dessen ein vierter Versuch:«

Dieser Alltag, laß uns ausbrechen.
Ein Neuanfang, Salz auf unserer Haut, Sonne, Meer, in den Gassen riecht es nach Knoblauch, Jeepfahren, alte Dörfer, Wald, am Strand, Finca, Zuckmayer, Tennis, Espresso, Chopin, Bouillabaisse, Musettewalzer, wir schauen uns an, wärme Deine Füße an mir, wir lachen, Kaminfeuer, wir leben, wie schön Du bist, ein Menü, Gespräche, im Garten, blühender Flieder u. Heckenrosen, tanzen, Schaufensterbummel, trockener Wein, finanzielle Sicherheit, törggelen, es regnet, herrliche Luft, Jeans, alte Kneipen, Blues, wir sagen uns alles, Gefühle, gute Garderobe, Museen, zeitweise im Süden leben. Komm in mein Heim, mein Leben.

»Sagen Sie mir bitte, wo die Gassen sind, in denen es nach Jeepfahren riecht, Herr Müller-Meyer, damit ich hinfahren und mich überzeugen kann, wie das riecht. Und lassen Sie sich für die Bürokraten-Floskel ›finanzielle Sicherheit‹ ein anderes Wort einfallen. Wie es da zwischen trockenem Wein und törggelen steht, wirkt es wie ein Reißnagel in der Schlagsahne.

Davon abgesehen: Glückwunsch. Sie präsentieren mir damit das modischste, was die Anzeigenpoeten derzeit zu bieten haben. So assoziiert man heute. Mit diesen Bildchen aus dem letzten Lifestyle-Magazin ließe sich ein ganzer Dia-Abend gestalten.

Ich bin mir nur nicht sicher, ob es Ihnen damit eines Tages nicht auch so geht wie bei der Betrachtung alter Fotos von sich oder Ihren Verwandten, besonders der weiblichen. Man lacht sich ja schier tot über die Klamotten und Frisuren, die man damals für das Allerschickste hielt.

Bei Heiratsanzeigen wechseln die Moden zwar noch nicht so atemberaubend schnell wie in der Textilbranche, aber sie wechseln. Blättern wir nur mal ein bißchen zurück. Holen wir uns eine ZEIT aus dem Jahre 1969 aus dem Archiv.

Damals, so fällt uns sofort auf, war es unbedingt erforderlich, ein Bekenntnis zum Sozialismus oder Anarchismus, aber auf jeden Fall zur Weltrevolution abzulegen. Den Himmel auf Erden galt es zu verwirklichen. ›Wer marschiert mit mir durch die Institutionen?‹ fragte der einsame Weltveränderer herum. Auch Linksliberale wurden noch geduldet. Der reine liberale Scheißer jedoch kam bestenfalls in der ›Welt‹ oder in der ›FAZ‹ noch zu seiner Medizinerin oder Studienrätin aus gutem Hause.

Als es dann mit der Weltrevolution doch nicht so klappte, weil die einen sie mit der Ermordung einiger reicher Leute verwechselten, die anderen Urlaub auf Kreta machten oder sich unentwegt spalteten, bis jeder seine eigene K-Gruppe war, trampelten die Trendsetter bereits nach Osten, um sich die Holzperlenkette mit dem Bhagwanbild um den Hals zu hängen. Die Revolution wurde kurzerhand nach innen verlegt. Wenn schon nicht die Weltveränderung, dann wenigstens Selbstveränderung, lautete die Devise. ›Bewußt leben‹ war daher auf der Heiratsanzeigenseite angesagt. ›Gefühle zeigen‹ wurde zur Pflicht, gemeinsames ›Lachen und Weinen‹ zum Inbegriff für das Leben zu zweit.

Dann aber starben die Fische, mal im Rhein, mal in der Nordsee, und im Schwarzwald begannen die Tannen zu nadeln wie die Christbäume am Dreikönigstag. Atomkraftwerke wurden gebaut, Pershings aufgestellt, der dritte Weltkrieg stand vor der Tür. Jetzt machte die Karawane abermals kehrt. Es galt, die Hölle auf Erden zu verhindern. Wer die Welt retten wollte, mußte heraus aus Indien, heraus aus der Innerlichkeit und hinaus aufs Land. Das ›alternative Leben auf dem Bauernhof‹, am besten gleich in der Toskana, wollte der Ökohansel erproben, und dazu fehlte ihm nur noch eine Friedensgrete. Die las davon in der Zeitung und verließ ihren Guru, verschenkte das Meditationsschemelchen an Töchter vom Lande, die vor der Enge ihrer Dörfer in die Stadt geflohen waren, und widmete sich fortan der

Töpferei und dem Spinnen und Weben der Wolle, welche die eigenen vier Schafe lieferten.

Das Leben auf dem Land aber ist hart, und auch im softesten Ökohansel steckt ein Macho, und so trennte man sich. Die Trennung mußte verarbeitet, aufgearbeitet, bewältigt werden. Dafür gab es die Encountergruppe, die Urschreitherapie, das Wochenendseminar für transzendentale Kommunikation. Dort brachte man seine Trennungsängste ein, dort schrie der Schmerzensmann sein Ur- und Weltleid hinaus und suchte den Sinn des Lebens beim Lauf über glühende Kohlen, während die Schmerzensfrau lernte, die Mondin anzubeten und mit den anderen Schwestern gemeinsam zu menstruieren. Danach versprachen die von Grund auf veränderten und geläuterten Teilnehmer einander, ab sofort ›intensiv‹ zu lieben und zu leben.

Mit dieser Intensivkultur geht es nun auch schon wieder zu Ende. Konsum ist wieder in. Natürlich nicht von Aldi. Niveauvolles Konsumieren zwischen Oper und Vernissage muß es sein, mit dem Anzug von Joop an aufwärts, dem Polohemd mit dem Krokodil, dem Hummer von Dallmayr und dem Wein vom eigenen Winzer. Man tafelt dreisternig, übernachtet first class und fährt mit dem Landrover durch die Dschungel der Großstadt.

Von der Weltrevolution zum gehobenen Konsumieren am Strand, vom Bürgerschreck zum kultivierten Spießer mit Geld – irgendwie scheinen die Ansprüche rapide gesunken zu sein in den letzten zwanzig Jahren. Immer öfter lese ich sogar den Wunsch nach einem »lebendigen Menschen«. Wann wird man sich mit Halbtoten begnügen?

Trotzdem: Wenn Sie, Herr Müller-Meyer, wirklich so ein Yuppie sind, dann ist die Anzeige gelungen. Aber zu Beginn unseres Briefwechsels hatte ich den Eindruck, daß Sie Schweinsbraten, Weißwürscht, Leberkäs und Bier häufiger genießen als Hummer, Kaviar und Veuve Cliquot. Unter dem ›g'standenen Mannsbild‹, als das Sie sich beschrieben, stellte ich mir eher einen Kerl im Anzug von Loden-Frey als einen Pomaden-Heini im Genadelten von Joop vor, und wenn Sie plötzlich so viel Zeit fürs Törggelen haben, frage ich mich, wann Sie eigentlich das Geld für dieses aufwendige Leben verdienen? Verprassen Sie eine Erbschaft?

Mit dem modischen Geld-, Yuppie-, Freizeit- und Konsum-Image, das Sie da von sich entwerfen, Herr Müller-Meyer, hätten Sie sicher Erfolg. Aber mal ehrlich, deckt sich das Image wirklich mit Ihrer Person?‹

Kapitel 7.5

Rundschreiben, Teil 6

Dieses Rundschreiben überschreitet inzwischen die dreißigste DIN-A4-Seite, und ich frage mich, ob überhaupt noch jemand liest. Falls Sie es tun, sind Sie vermutlich sauer, denn die Wahrheit über Patrick Moore haben Sie bis jetzt noch nicht erfahren, und die endgültige schon gar nicht.

Sie werden Sie auch nicht mehr erfahren, jedenfalls nicht mehr in diesem Brief. Finden Sie sich also damit ab, daß Sie es mit einem unbeschreiblichen Mann zu tun haben, der einen fünf Jahre alten Opel Ascona fährt, lieber einen Porsche oder BMW führe, aber auch nicht bereit ist, nur fürs Auto zu arbeiten.

Geld bedeutet mir nicht viel. Ich nehme es zwar gerne ein, aber nur, um es gleich wieder auszugeben, hauptsächlich fürs Wohnen, für Bücher, für die Kleidung und für gutes Essen. Ein Gourmet bin ich trotzdem nicht. Ich kann zwar Salbei von Rosmarin unterscheiden und weiß, wie man eine gute Soße macht, aber wenn mir der Kellner Seewolf in Champagnersoße serviert, frage ich mich immer, ob er wohl wirklich Champagner genommen hat. Herausschmecken könnte ich's nicht, wenn er nur Henkell, Kupferberg oder noch Schlimmeres verwendet hätte.

Zwar lege ich Wert auf die gute und die frische Küche, aber für die feine reichen meine Geschmackssensoren nicht aus. Und die teuren Farbkleckse auf den Tellern machen mich nicht satt.

Mein Appetit ist fast immer größer. Das ist das Problem. Der Körper nimmt allmählich rundliche Formen an, und der Geist, der in ihm steckt, geht lieber ins Kino als zum Tennisplatz und sieht auch nicht ein, warum er die Zeit, die er lesend verbringen kann, mit Reiten, Segeln oder Joggen verschwenden sollte.

Da trifft es sich gut, daß einst der greise Winston Churchill auf die Frage nach dem Geheimnis seines hohen Alters geantwortet hat: »No sports.« Dabei habe ich früher einmal leidenschaftlich Fußball gespielt, das goldene Sport- und das Leistungsschwimmerabzeichen gemacht, war in der Bundeswehr eine Zeitlang Sportoffizier und habe erfolgreich einen Fallschirmspringer- und Einzelkämpferlehrgang absolviert.

Davon ist mir die Gewißheit geblieben, immer durchzukommen, mit einer dauernden Abneigung gegen die kindische Lagerfeuer-Romantik der Marlboro- und Camel-Abenteurer. Ich muß nicht, wie einige dynamische Managermännchen, alle paar Monate an Überlebenstrainings teilnehmen, bei denen man sich allenfalls ein Bein oder einen Arm brechen kann. Ich muß nicht Drachenfliegen, Fallschirmspringen, Wildwasserfahren und muß auch nicht viertausend Meter hohe Gipfel bezwingen. Ich muß mir in dieser Hinsicht nichts mehr beweisen. Es handelt sich hier um ein abgeschlossenes Kapitel meines Lebens.

Kapitel 7.5.1

Fünftes Zwischenspiel für Inserenten

»Wo bleibt das Positive?« fragte mich Müller-Meyer. »Bis jetzt haben Sie alle meine Versuche verrissen und mir gesagt, was schlecht ist, und wie man es nicht machen soll. Finden Sie nicht, daß es an der Zeit wäre, auch mal ein geglücktes Beispiel zu geben? Zeigen Sie mir doch einmal, was Sie an meiner Stelle schreiben würden. Ich selbst verliere allmählich die Lust an dieser Anzeigentexterei«, klagte Müller-Meyer. »Darum heute ein Versuch, bei dem ich mir keinerlei Mühe machte, und von dem ich dennoch das Gefühl habe, daß er besser als viele andere ist.«

Großraum München

Ganz normaler Mann, 47/194/NR, unfähig, mich mit einer Handvoll Wörter so darzustellen, daß die Richtige antwortet, sucht ganz normale Frau. Ich hoffe trotzdem, daß sie schreibt.

»Sie haben recht«, antwortete ich Müller-Meyer, »es sind nicht die Schlechtesten, die ihren Wunsch nach einem Partner in dem schlichten Satz ›Mann sucht Frau‹ ausdrücken und ihren Willen zum Schnörkellosen auch noch mit dem Wörtchen ›normal‹ unterstreichen. Viel Krampf, viel unfreiwillige Komik und viele Peinlichkeiten würden vermieden, wenn die Partnersuchenden darauf verzichteten, sich zu Poeten aufzuschwingen. Das Eingeständnis, vor der Größe der Aufgabe zu kapitulieren, impliziert die Aussage, die Größe immerhin erkannt zu haben, und erhebt Sie über die Tölpel, die meinen, das Zusammenkleistern einiger Klischees sei die Lösung des Problems. Und die sachliche Schlagzeile ›Großraum München‹ ist zwar langweilig, aber besser als eine krampfhaft originell sein wollende.

Untauglich ist Ihre Anzeige trotzdem. Sie enthält zu wenig Information. Zwar bekämen Sie verhältnismäßig viele Zuschriften für so wenig Text – sogar die Zehnbuchstaben-Anzeige ›Er-sucht-Sie‹ bleibt nicht ohne Antwort, erzählte mir der Anzeigenleiter einer großen Zeitung –, aber die Frage ist, ob es denn die Richtigen sind, die auf so einen Drei-Wörter-Satz reagieren.

Es würde mich nicht wundern, wenn hauptsächlich diejenigen schrieben, die grundsätzlich auf jede Anzeige antworten und alles mitnehmen, was sich ihnen bietet, oder diejenigen, die nur ein Abenteuer suchen, die versorgt sein möchten, die einen kleinen Hau haben, die das Blaue vom Himmel herunterlügen und alle, die es schon hundertmal vergeblich probiert haben und es nun zum 101. Mal probieren.

Selbst wenn sich neben den Meschuggenen, Halbseidenen und Unvermittelbaren noch ein paar ›Normale‹ meldeten, erschiene es mir unwahrscheinlich, daß sich darunter eine befindet, die *Ihren* Vorstellungen von einer ›normalen Frau‹ entspricht, Herr Müller-Meyer.

Ein- und Zwei-Satz-Anzeigen sind wegen der Allgemeinheit ihres Inhalts Schüssen mit der Schrotflinte vergleichbar. Man erzielt eine breite Streuung, aber kaum Treffer. Formulieren Sie Ihre Anzeige daher lieber als gezielten Schuß, also so, daß im Extremfall nur eine einzige Person antwortet, und zwar die einzig

Richtige. Wenn sie sich wirklich meldet, dann war die Anzeige besser als eine, auf die 500 falsche antworten.

Mini-Anzeigen lassen zu viele Fragen offen. Und wer vieles offenläßt, erntet Mißtrauen. Ihre Leserinnen fragen sich: Schreibt er so kurz, weil er so geizig ist, oder weil er sich mehr nicht leisten kann? Ist ihm wirklich nichts eingefallen, oder war er nur zu faul, sich etwas einfallen zu lassen? Was versteht er unter normal? Wo wohnt er eigentlich, und was hat er überhaupt für einen Beruf? Er gibt zwar die Größe an, aber nicht das Gewicht. Ist er ein Schrank, oder ist er eine Bohnenstange? Und 47 Jahre hat er schon auf dem Buckel, aber kein Wort von einer Frau. Ist er etwa verheiratet und sucht nur ein Verhältnis, oder plant er den Absprung und will erst mal gucken, ob ihn noch eine mag? Ist er geschieden, oder war er nie verheiratet?

Wer angesichts so vieler Ungewißheiten trotzdem antwortet, muß entweder ein wenig beschränkt sein oder es ganz fürchterlich nötig haben, und Sie, Herr Müller-Meyer, wollen doch weder das eine noch das andere.

Es gibt so etwas wie eine Informationspflicht, und dazu zählen die persönlichen Daten wie Alter, Größe, Gewicht, Beruf, Wohnort und ein Hinweis, ob man es mit einem Ledigen, Verheirateten, Verwitweten oder Geschiedenen mit oder ohne Kinder zu tun hat. Solche Informationen sind wesentlich und sollten immer drin sein. Erst wenn diese Selbstverständlichkeiten abgehakt sind, kommt die Kür.

Ein paar Sätze mehr täten der Sache schon gut, Herr Müller-Meyer. Den Willen aber, mit gewöhnlichen Worten geradeheraus zu sagen, worum es Ihnen geht, dürfen Sie beibehalten. Das Ganze sollten Sie betreiben wie ein Kind sein Spiel, nämlich ernst und zugleich leicht.

Leider machen es die meisten umgekehrt. Sie gehen unernst an die Sache ran, das heißt, mit der Einstellung: Ich verspreche mir eigentlich nichts davon, ich laß mal einen Versuchsballon steigen. Weil es nur ein Spiel ist, strenge ich mich auch nicht sonderlich an, halte ich den Einsatz möglichst gering, klaube ich mir aus dem Fertigteillager für Heiratsinserenten schnell ein paar Sperrmüll-Trümmer zusammen und bastle daraus eine billige Anzeige.

Wenn Sie so vorgehen, werden Sie mit hoher Wahrscheinlichkeit erreichen, was Sie sowieso erwartet hatten, nämlich nichts. Da trudeln dann die Zuschriften bei Ihnen ein, Sie treffen eine oberflächliche Auswahl, verabreden sich von heute auf morgen mit einer Reihe von Frauen, stehen auf einmal plötzlich und völlig unvorbereitet einem wildfremden Menschen gegenüber, und fragen sich, wieso Sie angenommen hatten, diesem Menschen Wadenwickel machen zu wollen, wenn er mit Fieber im Bett liegt.

Jetzt, da es darauf ankäme, dem Ganzen den Charakter eines Spiels zu verleihen, ist die Lage tierisch ernst. Statt entspannt eine spannende Partie zu spielen, sind Sie die ganze Zeit damit beschäftigt, verkrampft die peinliche Spannung zu vertreiben, die über der Sache lastet. Jetzt bräuchten Sie ein Thema und finden keines. Jetzt stellen Sie eine Frage und hören nicht auf die Antwort, weil Sie sich schon die nächste Frage überlegen. Und später merkt Ihr Gegenüber, daß Sie nicht richtig zugehört haben und auch jetzt nicht richtig zuhören.

Die Sache dagegen ernst angehen heißt: Ich mache mir bewußt, daß diese Aktion mein Schicksal möglicherweise entscheidend beeinflußt. Von der Wahl des Partners kann abhängen, ob ich glücklich und zufrieden alt oder vor Kummer krank werde und vorzeitig sterbe.

Und wenn ich glücklich und zufrieden alt werden will, dann muß ich jetzt den Grundstein dafür legen. Wenn etwas gelingen soll, dann muß zuerst der Anfang gelingen, und dieser Anfang ist die Anzeige. Mit ihr will ich jene zu einer Antwort verführen, die, wie ich, Anzeigen immer nur amüsiert oder entsetzt lesen, aber so gut wie nie auf eine Anzeige stoßen, von der sie spontan sagen: Den Menschen, der sich hinter dieser Anzeige verbirgt, den möchte ich kennenlernen.

Also überlege ich mir meinen Text genauestens, stundenlang, und wenn's sein muß, tagelang, denn von ein paar in Sätze gefaßten Stimmungen und Bildern, von einigen wenigen Schlüsselworten hängt ab, wer antwortet und wer nicht. Jedes falsche Wort kann mehrere Dutzend Leute aus dem Reservoir der Falschen zur unerwünschten Antwort animieren, und jedes richtige Wort kann den Kreis um die wenigen Richtigen immer enger ziehen.

Mit Ernst seine Anzeige formulieren heißt nicht, einen tiefernst-erdenschweren Text abzusondern. Im Gegenteil: Leicht muß es klingen, Humor kann mitschwingen, die vorausgegangene Anstrengung darf dem Text nicht anzumerken sein. Wer ihn liest, sollte das Gefühl haben, zu einem Spiel eingeladen zu werden, bei dem er nichts verlieren, aber viel gewinnen kann.

Was nun Ihre Forderung nach dem Positiven betrifft, so kann ich Ihnen nur sagen: Ich bleibe bei dem, was ich Ihnen schon zu Beginn unseres Briefwechsels versprochen habe. Eine Maß-Anzeige werde ich Ihnen nicht schneidern.

Ich bemühe mich aber künftig, in den Zeitungen nach guten Beispielen für Sie zu suchen und Sie, falls ich fündig werde, darauf aufmerksam zu machen. Hier habe ich eines, es stand in der ZEIT, ist auf Sie nicht anwendbar, aber originell, und lautete:

33!!!
Da ich mit 44 nicht mehr alleine sein möchte, beginne ich schon jetzt mit der Suche nach einem Mann. Bildzuschriften...

Da hatte eine Frau mal wirklich einen Einfall. Schlicht, kurz, mit Humor und gut.

Kapitel 7.6

Rundschreiben, letzter Teil

Sie waren neugierig genug, bis hierher zu lesen. Und wenn Sie darauf nun ganz klar antworten können »nein danke, ich hab' mich wohl geirrt, bitte Bild zurück und Schluß damit«, dann war die Lektüre nicht umsonst.

Vielleicht reicht es aber auch nur zu einem »jein, vielleicht, und ich weiß nicht mehr so recht«. Dann, so schlage ich vor, sollten Sie sich zu einem Nein durchringen, denn eingebildet, wie ich bin, rechne ich mit einem genügend großen Häuflein von Damen, die mit einem beherzten »ja trotzdem« oder sogar »jetzt erst recht« antworten und gewillt sind, mit mir fünf bis sieben Töchter in die Welt zu setzen, meinetwegen auch Söhne, aber Töchter stelle ich mir schöner vor.

Um auch das Häuflein der trotzig Entschlossenen noch ein wenig zu dezimieren, schließe ich nun mit einer ernsten Warnung: Bedenken Sie, daß Sie es bis hierher mit einem Journalisten zu tun hatten, der professionell mit der deutschen Sprache umgeht. Ziehen Sie daher aus der Flüssigkeit seiner Schreibe nicht den Schluß, daß auch seine Rede so flüssig sei. Sie ist es nicht.

Wenn Sie es daher später mit dem ganzen Kerl zu tun bekommen, werden Sie merken: Seine Gesprächigkeit steht in umgekehrtem Verhältnis zu seiner Schreibseligkeit.

Gewöhnlich sitze ich nämlich tief in meinem Schneckenhaus, langweile mich ziemlich über die ewige Wiederkehr des Gleichen und bin nur schwer zu bewegen, etwas zu kommentieren. Und wenn es doch einmal geschieht oder unumgänglich ist, geschieht dies oft mit plumpen Worten, hingeworfenen Satzbrocken und schwerfällig vorgetragenen Gedanken. Ich glaube, wenn Sie mir in irgendeiner Kneipe begegnen würden, Sie verlören schnell das Interesse an mir.

Die Wahrheit ist also: Daß ich mich nicht gleich mit Ihnen treffen, nicht mit Ihnen telefonieren und statt dessen erst noch eine Weile nur schriftlich mit Ihnen verkehren will, hat nicht nur mit der Romantik, den guten Sitten und dem Nähe-und-Distanz-Spiel zu tun, sondern auch mit der Tatsache, daß ich in der schriftlichen Prüfung besser bin als in der mündlichen.

Bevor ich mich Ihnen leibhaftig und mit all meinen Schwächen aussetze, möchte ich daher Ihnen gegenüber meine Stärken noch ein wenig ausspielen. Sie finden das gemein? Dann bestrafen Sie mich doch einfach durch die Forderung »Bild zurück«.

Sie spielen trotzdem weiter mit? Dann sind *Sie* jetzt am Zug.

Kapitel 7.6.1

Sechstes Zwischenspiel für Inserenten

Müller-Meyer verlor offenbar wirklich die Lust. Was er mir diesmal schickte, war auch wieder daneben. Resigniert schrieb er: »Anbei ein weiterer Versuch frei zum Abschuß.«

Wer möchte mit mir im Traumschiff mitfahren?
Der Kapitän ist 47/194/90/NR, geschieden, promoviert und vorzeigbar. Suche eine wetterfeste Leichtmatrosin, die mit mir die Kajüte teilt und den Hafen der Ehe ansteuert.

»Wer vor dem Problem steht, mit wenigen Worten viel sagen zu müssen«, schrieb ich an Müller-Meyer, »erinnert sich früher oder später fast zwangsläufig der alten Weisheit: Ein Bild sagt mehr als tausend Worte. Und schon greift der Mensch erleichtert zur Metapher. Und greift entweder zur nächstliegenden oder daneben.

Die nächstliegenden aber – ›Topf sucht Deckel‹, ›Adam sucht Eva‹, ›Schmusekater sucht Schmusekätzchen‹, ›Osterhase sucht Osterhäsin‹ – sind abgegriffen, von der dauernden Nutzung verbraucht. *Ihr* Ehehafen allerdings ist so uralt, daß ihn im letzten Jahrzehnt noch kaum jemand zu benutzen wagte, weshalb er fast schon wieder gut ist, aber nur als Antiquität. Wer sich an der Abnutzung der gängigen Metaphern stört, der versucht sich sein eigenes Bild zu malen, und merkt entweder, wie schwer das ist und läßt es sein, oder merkt es nicht und formuliert dann unfreiwillig schlüpfrig oder bewußt zweideutig und dann nicht unbedingt geschmackvoll beispielsweise: ›Bogen sucht Geige‹ – ein echtes Beispiel aus einer Zeitung.

›Gebrauchter Waschlappen sucht gutriechende Seife für gemeinsames Schaumbad‹ – auch echt, gefunden in der Frankfurter Rundschau vom 27. März 1982 – ist zwar originär, aber ob's auch gefällt? Und ›Kratzbürste sucht dreckigen Lausbuben‹ – naja.

Ganz schlimm wird's, wenn sich der Verfasser abmüht, das

anfangs gewählte Bild bis zum bitteren Ende durchzuhalten, und es dann doch nicht schafft:

›Schmusekater, pflegeleicht, stubenrein, in gute Hände abzugeben. Wartet geduldig den ganzen Tag auf der Fensterbank, bis Frauchen heimkommt, räkelt sich gerne auf dem Sofa, ist genügsam (3 Whiskas pro Tag), bringt keine Mäuse heim, interessiert sich nicht für Kanarienvögel, angelt keine Goldfische, faucht nicht mit Hunden. Bewerbungen bitte an einen Studienrat 30/178/80/NR, Raum K/BN.‹ So gelesen in einer überregionalen Tageszeitung (9. 9. 89).

Wenn das die Anzeige eines Arbeitslosen wäre, der den ganzen Tag zu Hause rumhängt und deshalb auch keine Mäuse nach Hause bringt, könnte man die Sache ja als einigermaßen gelungen betrachten. Da es sich jedoch um einen Studienrat handelt, der ebenfalls seine Ferien auf dem Sofa und der Fensterbank verbringen kann und seine Mäuse immerhin nach A 13 bekommt, wird die Geschichte zum Schmarrn, zumal das Bild am Schluß mit den Kanarienvögeln und Goldfischen auch noch ziemlich ausfranst.

Metaphern also bitte nur, wenn sie frisch sind, wenn sie treffen und auch richtig verstanden werden. ›Stecknadel im Heuhaufen wartet auf ihren Magneten‹ beispielsweise ist neu, paßt und wird kapiert. ›Augen-Weide sucht Eiche‹ ist ebenfalls neu, wird verstanden, paßt aber nur ungefähr. Jedenfalls hat mir noch kein Botaniker gesagt, daß Weiden in Gesellschaft von Eichen besser gedeihen.

Und schließlich sollte man sich noch fragen, ob die Metapher wirklich mehr sagt als tausend gewöhnliche Worte. Was ist denn gewonnen, wenn ein Wirtschaftswissenschaftler seinen Wunsch nach einer schicken Akademikerin, die weder dick, noch hausbacken, noch rot-grün angehaucht sein soll, in die Worte kleidet:

›Allein im Regal stehen macht keinen Spaß. Deshalb sucht liberal-konservatives, akademisches Wirtschaftsbuch, 1. Aufl., 1953, 183 cm, einen Ergänzungsband zur Vorbereitung einer Gesamtausgabe, möglichst aus einem Hochschulverlag, kein Wälzer, Alternativdruck oder Kochbuch, sondern eine schick aufgemachte Ausgabe ohne Anhang und Beihefte, aus Paritätsgründen Goldschnitt.‹ Die Anzeige stand in der ZEIT.

Da hat einer, statt irgend etwas hinzurotzen, lange überlegt. Gut. Es ist ihm auch etwas eingefallen. Abgesehen von der ungewöhnlichen Buchlänge paßt die Buchmetapher, ist neu und ist verständlich. Aber hat sich derAufwand gelohnt? Kommt wirklich so viel mehr an Information rüber? Ist vielleicht auch eine Geschmacksfrage. Wem's gefällt, der soll in Metaphern schwelgen.

Zuletzt, wie versprochen, ein Beispiel einer Anzeige, die ich für geglückt halte. Ich fand sie in der FAZ.

ARE YOU THE BEST?

Gesucht wird:
Ein (Ehe-)mann, 25–40, mindestens 185 cm, Raucher, ohne Bauch, ohne Bart, ohne Brille, ohne Glatze, mit guten Manieren, intelligent, gutaussehend, charmant, mehrsprachig, guter Tänzer, geduldiger Zuhörer, belesen und weit gereist, verständnisvoll, weder Softie noch Macho, phantasievoller Liebhaber, außerdem pflegeleicht, d.h. mit eigener Wohnung und Putzfrau. Workaholic angenehm. Spaß an gutem Essen, einem guten Tropfen und anderen schönen Dingen. Last but not least, »pecunia non olet«.
Geboten wird:
Eine unbeschreibliche Frau.
Zuschriften nur mit Foto (max. 1 Woche alt)

Wäre diese Anzeige von einem Mann, wäre sie nur gewöhnlich. Aber sie ist von einer Frau, die hier mit leiser Ironie den Spieß einfach umdreht, und einmal an den Mann jene unerfüllbaren Ansprüche stellt, deren Erfüllung normalerweise die Männer von der Frau erwarten. Und mit dem Selbstbewußtsein, mit dem gewöhnlich die Männer nichts als nur sich selbst vorzuweisen haben, aber davon überzeugt sind, damit das Beste auf der Welt zu bieten, bietet hier einfach »eine unbeschreibliche Frau« nichts als nur sich selbst.

Der unbeschreiblichen Frau werden mit Sicherheit zahllose unbeschreibliche Männer geantwortet haben, welche die versteckte Ironie übersahen und bierernst mindestens ein Dutzend allerneuester Fotos beilegten, die alle einwandfrei beweisen, daß man tatsächlich ohne Bauch, Bart, Brille und ohne Glatze durchs Leben gehe. Insofern produziert die Anzeige wahrscheinlich hohe Streuverluste. Aber ein paar wenige, genau die, auf die es die Unbeschreibliche abgesehen hatte, werden die Ironie gemerkt und ebenfalls geschrieben haben, vielleicht trotz Bart, trotz Bauch und trotz Glatze. Und deshalb ist die Anzeige gut.

Ach ja, beinahe hätte ich's vergessen, Herr Müller-Meyer, Sie verwenden in Ihrem Anzeigenversuch auf einmal das Wörtchen ›vorzeigbar‹. Wo haben Sie das denn her, doch nicht etwa von mir? Streichen Sie es. Ich weiß, in meiner Anzeige stand es zwar auch, ich geniere mich aber heute dafür.

Warum ich mich geniere, sage ich Ihnen nächstes Mal, denn für heute ist es genug, und mir fehlt die Zeit.«

Kapitel 8

Die hundert Rundbriefe waren abgeschickt. Weitere hundert lagen fertig zum Verschicken im Karton bereit für Nachzügler, deren Strom noch nicht abebbte. Meine Abende verbrachte ich mit dem Lesen und Beantworten der Post. Aber am meisten beschäftigte mich die Rangordnung.

Kann ich sie so lassen? Bin ich nur nach Gefühl gegangen, oder hatte ich automatisch bestimmte Kriterien angelegt? Wenn ja, was sind das für Kriterien? Sind sie rational? Sind sie nicht zu oberflächlich?

»Nachdem ich die Anzeige nun mehrmals aufmerksam gelesen habe, stelle ich fest, daß wir eigentlich nichts gemeinsam haben«, hatte Gisela aus Frankfurt geschrieben. Und das, so fuhr sie fort, mache sie neugierig, denn sie halte es »für eine interessante Konstellation nach dem Motto: Gegensätzliches zieht sich an«.

Tut es das? Soll ich nach Gegensätzlichkeit selektieren?

Gisela hat recht. So viele intelligente Männer laufen mit dummen Frauen herum.

Aber schon im umgekehrten Fall versagt Giselas Gesetz. Jedenfalls kenne ich keine einzige kluge Frau mit einem dummen Mann.

Und stehen große Frauen vielleicht auf Liliputaner? Heiraten Prinzen Aschenputtel auch außerhalb von Märchen? Bevorzugen ältere Studienrätinnen jüngere Bauarbeiter?

Nein, das mit den Gegensätzen glaube ich nicht. Da geben mir sogar die Wissenschaftler recht. In »Psychologie heute« (Juli 85) las ich: Die Leute achten bei ihrer Partnerwahl nicht nur beim Alter, der Körpergröße, dem Bildungsabschluß und dem wirtschaftlichen Status darauf, daß die Unterschiede nicht zu groß sind, sondern sogar beim Gesangbuch. Bei 80 Prozent der untersuchten Ehepaare gehörten beide Partner derselben Konfession an.

Zur Überraschung der Wissenschaftler geht die Übereinstimmung jedoch noch viel weiter. Selbst bei so abwegigen Größen wie Lungenvolumen, Nasenbreite und Ohrläppchen-Länge unterschieden sich die Ehepartner nur gering.

Millionen Ehepaare können nicht irren, und darum setzte ich Julia auf Platz eins. Nicht wegen der Ohrläppchen, aber wegen der ähnlichen Biografie. Was Julia über sich schrieb, gab mir das Gefühl, sie zu kennen.

Wie ich, hat sie ihr Studium gegen den Willen der Eltern durchsetzen müssen. Wie ich, kam sie über verschiedene Berufe und den zweiten Bildungsweg zum Studium, natürlich Theologie, aber mitten im Studium umgesattelt auf Psychologie und Philosophie, um nicht als Pfarrerin Dinge erzählen zu müssen, an die sie selber nicht mehr glaubt. Jetzt promovierte Diplompsychologin in einer Düsseldorfer Werbeagentur. Aufgewachsen auf einer landwirtschaftlichen Klitsche, Dorfleben, evangelische Landjugend, später Jusos und APO, alles wie bei mir. Jahrelang herumgezogen. Großstadtleben.

Wachsende Entfremdung von den auf dem Dorf Zurückgebliebenen. Zu Hause gehört sie nicht mehr richtig, in den neuen Kreisen noch nicht richtig dazu. Allmähliche Entwurzelung, zunehmende Vereinsamung.

Kenne ich, kenne ich alles.

Es hätte mich nicht gewundert, wenn Julia auch noch ähnliche Ohrläppchen gehabt hätte. Aber das konnte ich nicht feststellen, weil Julia meine Bitte um ein Foto mißachtet hatte.

Sie beruhigte mich mit dem Hinweis auf ein »passables Aussehen« und nannte für das fehlende Foto schlichte und höhere Gründe. Das jüngste Foto sei drei Jahre alt und auch nicht sehr gelungen, lautete der schlichten einer. »Du sollst Dir kein Bildnis machen« war einer ihrer höheren Gründe. Äußerlichkeiten seien jetzt erst mal unwichtig. Sie wolle auch von mir kein Foto, sondern sich aufs Wesentliche konzentrieren, und das Wesentliche sei nun mal unsichtbar.

Den Rest borgte sie sich von Max Frischs Tagebüchern, aus denen sie zitierte: »Es ist bemerkenswert, daß wir gerade von dem Menschen, den wir lieben, am mindesten aussagen können, wie er sei. Wir lieben ihn einfach. Eben darin besteht ja die Liebe, das Wunderbare an der Liebe, daß sie uns in der Schwebe des Lebendigen hält, in der Bereitschaft, einem Menschen zu folgen in allen seinen möglichen Entfaltungen. ... Unsere Meinung, daß wir das andere kennen, ist das Ende der Liebe, jedesmal, aber Ursache und Wirkung liegen vielleicht anders, als wir anzunehmen versucht sind – nicht weil wir das andere kennen, geht unsere Liebe zu Ende, sondern umgekehrt: weil unsere Liebe zu Ende geht, weil ihre Kraft sich erschöpft hat, darum ist der Mensch fertig für uns. ...›Du bist nicht‹, sagt der Enttäuschte oder die Enttäuschte: ›wofür ich dich gehalten habe.‹ ... Man macht sich ein Bildnis. Das ist das Lieblose, der Verrat.«

Ja, sie wisse schon, als Entschuldigung für ein fehlendes Foto sei das ein bißchen weit hergeholt. Aber, so schloß sie ihren Brief, sie habe es hauptsächlich deshalb zitiert, weil sie hofft, daß ich der Mann bin, mit dem sie niemals fertig wird, der ihr folgen möchte in allen ihren Entfaltungen...

»Bist Du dieser Mann?«

»Wahrscheinlich bin ich es«, antwortete ich meiner Tabellenführerin. »Doch bevor ich allen Deinen Entfaltungen folge, sähe ich erst gern die Puppe. Dein Frisch-Zitat über das Bildnis ist zwar bezaubernd schön, aber ohne Bilder tappen wir im dunkeln. Und darum hätte ein Foto, auch ein drei Jahre altes, trotzdem nicht geschadet, nur so als Zusatzinformation, verstehst Du?

Daß ich mir aus der oberflächlichen Zusatzinformation nicht gleich ein Bildnis Deiner komplexen Persönlichkeit gemalt hätte, darfst Du mir schon glauben. Ein dunkles, unscharfes Bild mit verschwommenen Konturen habe ich mir allerdings auch ohne Foto gemacht. Das tun wir Menschen trotz des Bilderverbots automatisch, weil wir ohne Bilder nicht leben können.

Auch Du hast Dir natürlich beim Lesen meiner Anzeige eine erste grobe Skizze von mir gemacht. Jetzt, nach diesem Brief korrigierst und verfeinerst Du wahrscheinlich gerade den Entwurf, probierst vielleicht sogar schon eine Radierung – falls Du jetzt überhaupt noch etwas von mir wissen willst – und nach einem eventuellen ersten Treffen wirst Du mich in Öl malen und danach immer wieder anders, in allen meinen Entfaltungen.

Aber sag' selbst, wäre es für die Anfertigung der ersten Skizze nicht hilfreich gewesen, ein Foto zu haben? Ich lege jedenfalls eines bei und bitte Dich: Schreib' mir einen langen Brief, und steck' das drei Jahre alte Foto mit hinein.«

Kapitel 8.1

Siebentes Zwischenspiel für Inserenten

Von Müller-Meyer hatte ich längere Zeit nichts mehr gehört. Ich dachte schon, er habe es aufgegeben, als er mich mit einem neuen und gelungenen Anzeigenversuch überraschte:

Die Männer, die mit den Frauen am besten auskommen,
sind diejenigen, die wissen,wie man ohne sie auskommt. Ob Sie es glauben oder nicht: Ich bin einer von diesen Männern. Ich komme gut ohne Sie aus. Die Frage ist, ob auch Sie ohne mich auskommen? Probieren Sie's doch einfach aus.
Sie glauben mir nicht? Dann sollten Sie der Sache erst recht nachgehen.
Tip: Fragen Sie nach einem g'standenen Mannsbild, Münchner, Manager, geschieden, 194/90/47/NR, vorzeigbar.

»Bravo«, lobte ich ihn, »so muß eine Heiratsanzeige aussehen. Den Spruch mit den Männern haben Sie zwar von Baudelaire, aber das macht nichts. Danach fragt in den Anzeigenspalten kein Schwein.

Bei größeren Geistern zu klauen, ist jedenfalls eine brauchbarere Methode als das Abschreiben bei jenen, die's auch nicht besser können. Legen Sie sich daher einen Zitatenschatz zu, sammeln Sie Aphorismen, und achten Sie beim Lesen von Büchern und Zeitschriften aufmerksam auf einprägsame Äußerungen von Dichtern und Denkern oder auch von Prominenten über das Spiel der Geschlechter.

Dann kriegen Sie, beispielsweise, allerhand Sprüche von Mae

West mit, und Sie können möglicherweise Ihr Publikum anmachen:

›Sie kennen mich noch nicht. Aber eben das wäre für Mae West ein Grund gewesen, mich zu nehmen. Wenn sie nämlich die Wahl zwischen zwei Übeln hatte, probierte sie grundsätzlich das Übel, das sie noch nicht kannte.‹

Ihr geglückter Versuch animiert mich, noch ein bißchen weiterzumachen, Herr Müller-Meyer.

Wäre ich so reich wie Sie und wirklich willens, der nächsten Frau meiner Wahl treu zu bleiben bis in den Tod, würde ich vielleicht auch das riskieren:

›Wollen Sie meine Haushälterin werden? Dann heiraten Sie mich doch. Sie bekommen dafür einen wunderbaren Mann und ein großes Haus mit Personal. Sollte ich Sie wider Erwarten so enttäuschen, daß Sie mich wieder verlassen müssen, behalten Sie mein Haus. Versprochen.‹

Nun zum Wörtchen ›vorzeigbar‹. Ich nehme an, Sie haben es bewußt noch einmal verwendet, um mich an mein Versprechen vom letzten Mal zu erinnern. Ich bin aus formalen und inhaltlichen Gründen gegen das Wort.

Seit die Politiker alle möglichen Wörter inflationär mit der Nachsilbe ›-bar‹ zusammenspannen – eines ihrer schlimmsten Monster ist ›unverzichtbar‹ –, mag man solche Kreationen nicht mehr hören. Aber nicht nur aus sprachästhetischen Gründen ist ›vorzeigbar‹ nicht unverzichtbar. Man sollte es auch deshalb meiden, weil es erheblich dazu beiträgt, die Sehnsucht nach einem Menschen fürs Leben auf ein bloßes Marktgeschehen zu reduzieren. Ich bin vorzeigbar heißt ja: Ich bin eine Ware, die man nicht unterm Ladentisch verbergen muß, sondern im Schaufenster präsentieren kann.

Damit will ich aber nicht sagen, daß Sie durch den Verzicht oder eine andere Formulierung dem Marktcharakter der Partnersuche entrinnen könnten. Jeder Versuch wäre zwecklos, denn die Partnerwahl ist immer auch ein Geschäft – nicht nur, aber auch. Das ist einfach eine Tatsache.

Nackte Tatsachen aber sind uns meistens unangenehm. Da wir sie weder beseitigen noch umgehen können und auch nicht leugnen sollten, müssen wir sie einkleiden. Wie kann man ›vorzeigbar‹ einkleiden?

Wer ›vorzeigbar‹ schreibt, möchte erstens damit sagen, daß er kein Rumpelstilzchen ist, und zweitens, realistisch genug, um zu wissen, daß es nicht genügt, nur seinem Partner zu gefallen. Man muß immer auch den Verwandten und Bekannten und ganz besonders den Freunden gefallen. Oft ist der Freundeskreis sogar entscheidend. Wenn er die neue Eroberung nicht akzeptiert, muß man über kurz oder lang entweder die Eroberung oder die Freunde aufgeben. Alles andere führt zu Streß.

Also könnte man doch statt ›vorzeigbar‹ beispielsweise schreiben: ›Ich werde auch Ihren Freunden gefallen‹. Das kostet wieder ein paar Mark mehr, sagt aber auch mehr über Sie aus. Damit bekunden Sie nämlich Ihre Bereitschaft, sich nicht nur um die Dame Ihrer Wahl zu bemühen, sondern auch um die Sympathie ihrer Freunde. Und davon hängt vieles ab.

Aber eigentlich bedürfen Sie jetzt meines Rates nicht mehr, denn die Anzeige, die Sie heute bei mir abgeliefert haben, finde ich gut. Sie sollten sie drucken lassen.

Nur noch eine letzte Kleinigkeit, ich habe es bisher nie thematisiert, denn es ist wirklich nur ein Detail: Die Zahlen- und Buchstabenreihe 194/90/47/NR trägt ebenfalls dazu bei, der Partnersuche per Inserat den Ruch des Geschäftsmäßigen zu verleihen. Solche Reihen erinnern an Reihungen wie ›Audi 80/Bauj. 86, TÜV 90, SSD, CR‹ oder ›3-Zi.-W., KDB, 3 MM Kaution‹.

Die Zahlenreihe 194/90/47 auszuschreiben wäre Blödsinn. Sie ist unvermeidlich. Aber wenn Sie wenigstens NR als Nichtraucher ausschreiben, wird die Sache wieder ein kleines bißchen menschengemäßer.«

Kapitel 8.2

Die Wissenschaftler haben zwar herausgefunden, daß Heiratswillige bevorzugt Partner suchen, die ihnen gleichen, aber ob sie damit auch glücklich werden, wurde nicht untersucht. Gerade darauf aber wäre es angekommen. Ich vermute daher einfach: Ehen zwischen gegensätzlichen Partnern müssen nicht zwangsläufig im Unglück enden. Und mit hoher Wahrscheinlichkeit sind diese Ehen die interessanteren.

Man sollte daher diese Variante nicht voreilig verwerfen. Und darum kam Corinna auf Platz zwei. Corinna, die Opernsängerin, mit dem Faible für hoffnungslose Fälle, die mir geschrieben hatte, daß ihr meine APO-Vergangenheit gefalle und sie bedauere, selber nicht dabeigewesen zu sein.

Opernsängerin, das fand ich schick. Künstlermilieu. Mal was ganz anderes. Warum eigentlich nicht? Sie sei schon einigermaßen bekannt, nur wisse das keiner, hatte sie geschrieben. Das war ja fast eine Gemeinsamkeit.

Außerdem erfreute mich ihr lakonischer Briefstil. Und dann gab es da ein Foto, das in Großaufnahme ihr edles Profil zeigte. Ein zweites Foto präsentierte sie hochhackig mit Netzstrümpfen und kurzem Rock als tanzenden Vamp auf der Bühne. Das gab wohl den Ausschlag.

Platz drei reservierte ich für Angela. »Daß Du meinst, heiraten sei radikaler als Selbstmord, finde ich irgendwie nicht stringent«, schrieb die Lehrerin und Pfarrerstochter, die Theologie, Pädagogik, Psychologie und Romanistik studiert hat, nebenbei über christlichen Antijudaismus promoviert und inzwischen gut akzeptieren kann, daß man(n) sage, sie sähe toll aus. Und, so fuhr sie fort, mich zu tadeln, sie verstehe ja, daß die Sache witzig sein sollte, aber so witzig finde sie das eigentlich nicht.

Kennenlernen wolle sie mich aber doch, schon wegen meiner APO-Vergangenheit, die auch sie geprägt habe, wenn sie auch nicht mehr gar so rosarote Hoffnungen habe und auch nicht mehr so orthodox sei – »vielleicht bin ich linksliberal (für den Mann, mit dem ich mal verheiratet war, ein schlimmes Schimpfwort)«.

Auch in dem, was sie sonst noch schrieb, erweckte sie in mir ganz den Eindruck einer typischen Vertreterin jener Spezies, die das Einfache kompliziert und das Komplizierte noch komplizierter macht, die es ernst und gut meint mit der Menschheit und in dem steten Bemühen um Selbst- und Weltvervollkommnung vertrauensvoll auf die jeweils neuesten wissenschaftlich bewiesenen

Vorurteile baut. Eine schöne Tochter aus höherem Hause, in dem sich preußische Disziplin mit hohen moralischen Ansprüchen und calvinistischem Leistungs-Ethos verbinden.

Ich liebe solche komplizierten Frauen, und sie lieben mich, denn ich vereinfache ihre Leben und ordne das Chaos, das sie schon allein deshalb kontinuierlich produzieren, weil ihrem hochdifferenzierten Intellekt immer wieder ihr ebenso differenziertes Gefühlsleben in die Quere kommt. Und wenn Gefühl und Intellekt ausnahmsweise eine kurze Periode lang übereinstimmen, pfuscht ihrer von theoretischen Irrtümern gesteuerten Lebenspraxis garantiert die grausige Realität ins Handwerk.

Mit solchen Frauen verbinde ich sehr angenehme Erinnerungen. Sie wirken auf mich anziehend und ich auf sie, weil sich das Vertraute und Ähnliche mit dem Fremden und Gegensätzlichen mischt. Sie sehen in mir den vergeistigten Naturburschen, einen intellektuellen Holzfäller, und ich spiele diese Rolle gerne, aber immer nur eine Zeitlang, bis es ihnen und mir zu anstrengend wird.

Das evangelische Pfarrhaus, aus dem sie stammt, tat ein übriges. Diese Welt ist mir vertraut seit meiner Kindheit. Bei Pfarrers ging ich ein und aus, denn das evangelische Pfarrhaus ist der einzige Hort für ein bißchen Kultur, ein Ort der Wärme und der Gemeinschaft und das einzige Refugium des Geistes inmitten der Öde eines Dorfes. Ohne das evangelische Pfarrhaus in meinem Dorf wäre ich als Kind, spätestens als Jugendlicher, geistig verkommen.

Später in der Juso-Zeit war es wieder ein Pfarrhaus, in dem wir die Pläne für die Weltrevolution entwickelten. Schon deshalb liebe ich Pfarrerstöchter.

Auf Platz vier setzte ich Carmelita, eine Kollegin vom Hessischen Rundfunk, die mich lobte: »Ihre gut recherchierte und flott geschriebene Anzeige hat mich wohl besonders auch deshalb angesprochen, weil sie so voller kleiner Fünkchen feinen Humors ist.« Das ließ auf Gleichartigkeit des Humors schließen, und das ist wahrscheinlich wichtiger als die Gleichartigkeit des Geschmacks, der Weltanschauung und des sozialen Status.

Humor ist überhaupt das wichtigste in der Ehe. Es muß vielleicht nicht unbedingt die gleiche Art von Humor sein, aber es muß zumindest einer der Partner über irgendeine Art von Humor verfügen, denn ganz ohne Humor ist kein Mensch ein Leben lang auszuhalten.

Ich hätte Carmelita vielleicht weiter vorne plaziert, wenn mich ihr Foto nicht so irritiert hätte. Da blickte eine wache, intelligente Powerfrau leicht skeptisch, ziemlich kühl und ein bißchen spöttisch in die Welt, als ob sie, wie Lisa Fitz einmal sang, sagen wollte: »Ich bin die Ernährerin, die Herrscher- und Gebärerin.« Nichts davon störte mich, aber ich vermißte den Humor, den sie bei mir lobte. Lag vielleicht am Fotografen.

Susanne wäre wahrscheinlich ziemlich weit hinten gelandet, wenn sie das Foto vergessen hätte, denn ihr Brief bestand zum größten Teil aus Unsinn und Geschwätz und war voll von Astro- und Esoterikquatsch. Aber das große Foto zeigte ein Weib mit einer Figur wie Sophia Loren und einem Gesicht wie Nina Hagen. Frauen mit solchen Kurven gibt es heute kaum noch. Die androgyne Revolution hat die Becken der Frauen geschmälert und die Busen miniaturisiert. Eine Seltenheit wie Susanne wollte ich mir darum auf keinen Fall entgehen lassen. Sie bekam Platz fünf.

Platz sechs besetzte ich mit Olivia, der kaffeebraunen Mexikanerin, die in Deutschland Psychologie studiert hat, in der Personalabteilung eines deutschen Unternehmens in Spanien arbeitete und danach zu einer Düsseldorfer Unternehmensberatung wechselte. Es war die Exotik, die mich reizte.

Die Plätze sieben bis neun belegten Frauen, die neben verheißungsvollen Briefen und zufriedenstellenden Fotos den Vorzug hatten, in meiner Nachbarschaft in Frankfurt zu wohnen. Platz zehn wurde an eine Italienerin vergeben, weil sie eine Italienerin war, die Plätze elf bis vierzehn an Kandidatinnen, die ihre ziemlich mittelmäßigen Briefe durch heiße Fotos wettgemacht hatten. Möglicherweise, so lautete wohl mein Kalkül, finde ich mit dieser Aktion nicht, was ich suche. Dann möchte ich wenigstens ein paar Abenteuer mitnehmen.

Diese mühsam austarierte Rangordnung hielt drei oder vier Tage lang. Dann schrieb Petra aus Paris. Sie hatte nur ein billiges

Paßfoto beigelegt, das mich dennoch elektrisierte. Von allen Fotos, die ich erhielt, habe ich mir das von Petra am längsten und am häufigsten angesehen.

Durch kühle Katzenaugen sprang mich ein von strotzendem Selbstbewußtsein kündender Weibsblick an. Dabei war sie nur eine Arzttochter, die schon ziemlich lang herumstudierte und noch nicht wußte, ob sie nun promovieren oder Journalistin werden sollte. Slawistik und Germanistik hat sie studiert, dazu »einiges Englisch in Amerika und Französisch jetzt in Paris«.

Sie charakterisierte sich als »weltanschaulich linksliberal bei gleichzeitiger Ideologiefeindlichkeit und absolutem Individualismus, sehr offen für alles Geistige und Weltliche, aber nicht unkompliziert«. Ihr Brief war nichts Besonderes.

Aber ihr Gesicht, dieser stahlblaue Blick. Dazu präsentierte sie einen roten Mund, der aussah, als ob er schon tausend Männer verschlungen hätte. Zwei Fältchen um die Mundwinkel gaben dem Gesicht einen Hauch von Ironie.

Dieser Frau fühlte ich mich unterlegen.

Harmoniesüchtig sei sie auch, schrieb sie, »aber vor allem würde ich einfach mal wieder gern einen interessanten Mann kennenlernen. Einen, mit dem man sich stundenlang unterhalten kann. Vielleicht können wir uns mal treffen? Paris ist jetzt zauberhaft...«

Paris ist jetzt zauberhaft.

Es war Mai.

Ich legte Petras Brief über den von Julia.

Kapitel 8.2.1

Erstes Zwischenspiel für Interessenten

»Falsch«, antwortete Müller-Meyer, »ganz falsch, den Spruch mit den Männern habe ich nicht von Baudelaire, sondern von meiner neuen Freundin. Aber daß *sie* ihn von Baudelaire hat, hat sie mir auch nicht gesagt.

Ja, da staunen Sie, was? Nun ging's also auch ohne Anzeige.

Ich lernte Elda in unserem Unternehmen kennen. Sie ist die neue Product Managerin für einen der Schokoladenriegel, die wir herstellen.

Aber ich will Sie nicht mit Firmeninterna behelligen. Normalerweise könnte ich mich jetzt bei Ihnen bedanken und mich verabschieden, denn der Anlaß unseres Briefwechsels besteht nicht mehr.

Eines möchte ich aber doch noch loswerden. Die Anzeigen, die *Sie* mir in Ihrem letzten Brief bastelten, finde ich ja ganz witzig, würde ich aber nie übernehmen, vor allem nicht die mit dem Haus und der Haushälterin. Ich muß auch sagen, da verstehe ich Sie nicht, denn da widersprechen Sie sich.

Kurz zuvor warnen Sie mich noch vor dem Wörtchen vorzeigbar, weil es der Anzeige so einen nüchtern-geschäftsmäßigen Charakter verleiht, und – erinnern Sie sich? – ganz am Anfang unseres Briefwechsels machten Sie mich zur Schnecke, weil ich mit meiner Villa und meiner Yacht lockte, und nun soll ich plötzlich einer Frau für den Fall einer Scheidung mein Haus versprechen? Den Widerspruch müssen Sie mir erst noch aufklären, bevor ich Sie in Ruhe lasse.

Daß ich darauf Wert lege, hat natürlich einen Grund, und der heißt Elda. Es gibt schon eine Menge Probleme in dieser noch jungen Liebe. Die Probleme lassen sich auf den Nenner bringen: Elda ist angemuckert von dieser unglückseligen Emanzenpest. Sie fängt dauernd Händel mit mir an, stellt mir diese und jene Bedingung und würde unsere Beziehung am liebsten vertraglich festlegen.

Das stört mich ungeheuer an ihr, denn Liebe ist doch etwas Romantisches und kein Geschäft, oder? Und wissen Sie, was die verrückteste Bedingung ist, die sie mir stellt? Sie will mich nur heiraten, wenn ich mich bereit erkläre, ihren Namen anzunehmen.

Eine völlig absurde Idee. Hieße sie Goethe oder von Hofmannsthal, ließe ich ja mit mir darüber reden. Aber sie heißt Huber, und das finde ich nun wahrlich nicht besser als meinen Namen.

Ich sehe natürlich ein, daß ich ihr in unserem Fall schlecht die übliche Lösung des Problems anbieten kann. Frau Elda Müller-Meyer-Huber – da lacht sich die halbe Firma tot. Es gibt also keinen Kompromiß, sondern nur ein Entweder-Oder, aber eigentlich nicht einmal das. Im Grunde genommen gibt es nur ein Entweder, denn wenn ich mich plötzlich Huber nennte, lachte sich die Firma ebenfalls tot. Dann hieße es, der Huber ist zwar der Chef, aber die Huberin hat die Hosen an.

Falls Sie Lust haben, mir noch einmal zu schreiben, dann bitte ich Sie noch um diesen letzten kleinen Rat: Können Sie, der Sie ungefähr derselben Generation angehören wie Elda, mir sagen, wie man einer jungen Frau diesen von ihr so hartnäckig verfochtenen Unsinn möglichst diplomatisch und liebevoll wieder ausredet?«

Kapitel 9

In der Zeit zwischen der Absendung der hundert Rundbriefe und den ersten Reaktionen darauf sah man mich mit großen Stimmungsschwankungen unruhig auf- und abgehen. Einerseits betrachtete ich mein Rundschreiben und die drangehängten individuellen Antworten als äußerst gelungen. Eigentlich müßten alle mit »jetzt erst recht« antworten, dachte ich voll Verfasserstolz.

Aber andererseits wäre es mir gar nicht recht, wenn jetzt alle schrieben, mich kennenlernen zu wollen, denn ich wüßte gar nicht, wie ich das bewältigen sollte. Außerdem graute mir vor den vielen Absagen, die es dann zu formulieren gälte.

Also hoffte ich, einen erklecklichen Teil auch abgeschreckt zu haben. Doch diese Hoffnung gebar die Furcht, am Ende zu viele, die Falschen oder sogar alle abgeschreckt zu haben.

Und tatsächlich kam erst einmal gar nichts. Das war zwar völlig normal, trotzdem fragte ich mich in diesen Tagen: Und was machst du, wenn du nun alle vergrätzt hast? Könnte ja sein. Schließlich ist es nicht gerade erhebend, von einem Pascha per Rundbrief zu einem Ausscheidungswettbewerb mit olympischem Charakter eingeladen zu werden.

Doch dann endlich begann es zu tröpfeln, zuerst drei, dann vier, dann schon sechs und sieben – fast täglich kam ein Schwall Antworten herein, ganz überwiegend mit dem Tenor: Jetzt erst recht.

Das beruhigte mich, aber nicht lange. Was mache ich eigentlich, wenn zwar Heerscharen positiv antworten, nur nicht jene vierzehn meiner ersten Wahl? Die Frage stellte sich, nachdem schon 35 Frauen aus den hinteren Stapeln eine feurige Zusage geschickt hatten, aber noch keine einzige aus dem ersten. Und alle Zusagen waren leider so, daß ich keinen Anlaß sah, auch nur eine einzige davon nach vorne zu schieben.

Plötzlich merkte ich: Du bist ja gar nicht mehr richtig offen für die aus dem zweiten und dritten Glied und nicht einmal mehr für alle vierzehn aus dem ersten. Du wartest eigentlich nur noch auf Julia, Petra, Carmelita, Angela und Corinna. Diese fünf sind deine wirklichen Favoritinnen. Aber von denen kam nichts. Zuerst wurde ich nervös, dann mißmutig.

Wenn sich's die Opernsängerin anders überlegt hätte – das könnte ich noch verstehen. Aber warum antwortet Julia nicht? Sie müßte doch allein schon wegen der unglaublichen Ähnlichkeit unserer Erfahrungen neugierig geworden sein.

Bei der komplizierten Angela tröstete ich mich mit der Vorstellung, daß sie seit Tagen an ihrer Antwort feilt und sie zu einer Doktorarbeit macht. Auch bei Carmelita hoffte ich noch. Ihre Antwort auf meine Anzeige hatte sie auf einen herausgerissenen Zettel hingekrakelt. Daher hielt ich sie für eine Schlampe, die es fertigbringt, einen Brief wochenlang unbeantwortet bei sich herumliegen zu lassen. Außerdem hat sie in ihrem eigenen Brief schon angedeutet, daß es ihr nicht so pressiert.

Daß Petra nicht schrieb, überraschte mich am wenigsten. Das habe ich fast erwartet. »Eine Deutsche aus Frankreich, die Russisch spricht, Englisch in Amerika gelernt hat und Französisch in Paris, o je, da fühlt sich der Bauernbub ganz klein und provinziell«, hatte ich ihr in vorauseilender Resignation geschrieben. Und viel zu hübsch sei sie für mich.

War wohl ein Fehler. Sich klein zu machen, ist immer falsch. Understatement kommt nicht mehr an in unserer marktschreierischen Welt. Zwischentöne werden nicht mehr wahrgenommen, leise Töne gehen unter. Die Zukunft gehört dem Blender.

Auftrumpfen hätte ich sollen, ich Rindvieh. Statt ihr mitzuteilen, daß ihr Brief auf der allerobersten Stelle liegt, hätte ich sie beiläufig wissen lassen sollen, daß sie gerade noch reingerutscht ist in den ersten Stapel meiner vierzehn Superfrauen. Aber dieses Ich-bin-sowieso-der-Größte-Spiel beherrsche ich nicht, und, verdammt noch mal, will ich auch nie beherrschen.

Ich käme mir lächerlich vor, wenn ich, wie jene Aufschneider, die neunzig Prozent ihrer Energien darauf verschwenden, einander zu imponieren, mich plötzlich auch wie ein brünstiger Hirsch gerierte. Aber bei einer gewissen Sorte von Emanzen kommen die Hirsche wieder an, nachdem diese Sorte den Mann zum Softi kastriert hat. Wahrscheinlich gehört die in Paris auch dazu.

Daß ich an den Standardbrief einen Individualbrief hängte, der fast noch einmal dieselbe Länge erreichte, war natürlich auch falsch. Mein ganzes Leben habe ich ihr erzählt, den Wandel meiner Weltsicht, Einsichten, Erfahrungen, Reflexionen über Gott und die Welt, letzte Wahrheiten über den Menschen habe ich vor ihr ausgebreitet. Mein Herumgeturne war um nichts weniger eitel als das der Platzhirsche in den Aufreißerkneipen.

Zwei Seiten hat sie mir geschrieben, und ich schicke ihr fünfzig. Wenn einer sich so abmüht, einer Frau zu imponieren, dann muß er's ja nötig haben.

Kapitel 9.1

Zweites Zwischenspiel für Interessenten

»Lieber Herr Müller-Meyer«, schrieb ich meinem Brieffreund, »die Sache mit Elda ist ein schwieriges Problem. Die jungen Frauen von heute sind zickig. Vielleicht wäre es doch besser für Sie, wenn Sie sich nach jemand älterem umsähen. Ihnen zu sagen, wie Sie Ihre junge Liebe behandeln sollen, überschreitet eigentlich meine Kompetenz. Wenn Sie trotzdem meine Meinung dazu hören wollen, lassen Sie es mich wissen, dann werde ich nachdenken.

Für heute möchte ich mich auf die vermeintlichen Widersprüche beschränken, mit denen Sie an meiner Ehre als Anzeigentexter kratzen.

Ich muß Sie enttäuschen. Liebe ist tatsächlich ein Geschäft. Finden sich zwei auf ›üblichem Wege‹, per Zufall in der Disco oder Kneipe, am Arbeitsplatz, im Verein oder im Urlaub, dann fällt es nicht so auf, dann ist die Liebe ein Tarngeschäft. Trägt einer dagegen seine Haut auf den Anzeigenmarkt, um dort sein Glück zu finden, dann ist das Geschäft offensichtlich.

Da steht das einsame Menschlein dann mit seinem Inserat

zwischen Gebrauchtwagen, Immobilien und Stellenangeboten, und dieses Milieu färbt ab. Eigentlich will es ja Liebe, Romantik, Gefühl. Aber ohne es zu wollen, formuliert es seine Wünsche schon so, als ob es nicht den Menschen fürs Leben, sondern nur einen alten Volkswagen, ein Reihenhaus oder einen Job haben möchte.

Bewußt oder unbewußt schreibt sich jeder einen bestimmten Wert zu, und dafür möchte er einen entsprechenden Gegenwert haben. Da wird der eigene Marktwert mit einer Aufzählung von akademischen Graden, beruflichen Positionen und einer Reihe von Eigenschaften taxiert und für den gesuchten Partner ein Anforderungsprofil erstellt, das den ungefähren Gegenwert wiedergeben soll. Der Inserent bietet materielle und ideelle Werte feil, und dafür stellt er entsprechende Ansprüche. Wie der Personalchef eines Unternehmens in ein Stellenangebot eine kurze Beschreibung des angebotenen Jobs, das Anforderungsprofil für Bewerber und allgemeine Angaben über das Gehalt und die Sozialleistungen packt, so formulieren Inserenten einen Haufen von Ansprüchen, listen eigene und gewünschte Eigenschaften auf und preisen an, was sie zu bieten haben.

Früher, als der Ehemann für die Bürgerstochter noch vom Vater ausgesucht wurde, war das ganz offiziell so und tatsächlich auf die rein materielle Seite des Geschäfts beschränkt. Da mußte der Mann seine Vermögensverhältnisse offenlegen, und wenn die stimmten, wurde die Tochter verheiratet, ob er ihr gefiel oder nicht.

Zum Teil ist es noch heute so. Diese Anzeige las ich in der Frankfurter Rundschau, und die hatte es vom Zürcher Tagesanzeiger, der es wiederum im landwirtschaftlichen Wochenblatt Roth / Schwabach (Schweiz) entdeckt hatte:

> ›Achtung! Junger Landwirt, 23. J., sucht Frau m. Mähdrescher ab 250 cm Schnittbreite, zwecks späterer Heirat. Bitte Bild v. Mähdrescher beilegen.‹

Ich weiß nicht, ob es der junge Landmann ironisch meinte, ich fürchte eher, wir müssen es wörtlich nehmen, aber in beiden Fällen wird belegt: Noch heute sucht sich der Jungbauer die Frau nach ihrer Mitgift aus.

Und da bleibt der Bauer nicht allein. An jedem Wochenende bieten in den Zeitungen Handwerkerwitwen, Bäckerstöchter und Wirtssöhne ganz unverblümt die Einheirat ins Geschäft, suchen Ladeninhaber die Ehefrau, die mithilft im Verkauf, und suchen Ärzte die Ärztin zwecks Ehe plus Gründung einer gemeinschaftlichen Praxis.

Die Vornehmen in der ZEIT, der Süddeutschen und der Frankfurter Allgemeinen drücken die Sache etwas feiner aus und wünschen ›aus Paritätsgründen‹, daß ein kleines Vermögen mitgebracht wird. Und wenn der junge aufstrebende ›Manager mit glänzendem background‹ ausdrücklich auf materielle Reichtümer verzichtet, weil er selber schon genug hat, und seiner Gesuchten erlaubt, arm zu sein wie eine Kirchenmaus, dann bleibt es trotzdem ein Geschäft, denn er begehrt dafür um so heftiger, daß die Arme jung, schön, schlank, repräsentativ und gebildet sei und den Herrn schmücke.

Warnen kann man nur vor dem ›Prof. Dr. Dr. h.c.‹, der in der FAZ mit einer ›Dame aus gutem Hause‹ einen ›ganz neuen Anfang machen möchte‹ und meint, es wäre ›für beide Seiten von Vorteil‹, wenn die Dame ›über ein entsprechendes Vermögen verfügen‹ könnte. Wenn das kein Heiratsschwindler ist, dann bin ich Felix Krull. Und auch vor dem Bankkaufmann würde ich mich hüten, der in der FAZ in sympathischer Offenheit bekennt, er sei durch eine ›Fehlspekulation vermögenslos‹ geworden und suche jetzt aus der ›oberen Gesellschaft‹ eine ›Dame aus vermögendem Haus‹, der er ›ein liebevoller Ehepartner‹ und ›erfahrener Berater‹ sein möchte.

Aber die Mehrzahl bringt mittlerweile doch mehr ideelle Werte ins Spiel, was den Geschäftscharakter der Partnersuche und Partnerwahl jedoch nicht ändert, sondern nur erweitert. Da muß sich die Bildung des Suchenden mit der Bildung der Gesuchten die Waage halten – Abitur oder Fachhochschule genügt dem Akademiker nicht – die Weltanschauung wird mit Weltanschauung aufgewogen – ein Ökohansel muß es sein für das Friedensgretchen – ja sogar Beschädigungen, Wertminderungen werden ins Kalkül gezogen: Rollstuhlfahrer sucht Rollstuhlfahrerin.

Es soll sich niemand einbilden, solch Geschäft beschränke sich nur auf Inserenten. Auch in der Disco und beim Vereinsball reißen sich die Männer um die Schöne und lassen das Mauerblümchen sitzen. Auch in der Kneipe, auf dem Arbeitsplatz und im Urlaub ist der Ledige auf dem Markt. Aber dort kann man das kaschieren, in der Zeitung nicht.

Die mit dem Inserat verbundenen Zwänge degradieren den Inserenten zu einer Ware, wenn er sich nicht bewußt und geschickt dagegen zu wehren versucht. Ein Mittel der Gegenwehr ist die Ironie, und darum, Herr Müller-Meyer, halte ich meine Anzeige mit dem Haus und der Haushälterin für gelungen und Ihre Anzeige mit dem Haus und der Yacht für mißlungen, denn meine Anzeige *ironisiert* das Geschäft der Partnerwahl. Ihre nimmt es ernst.

Zur Strafe noch ein paar Ironien:

Hätte ich mich soeben von meiner Frau getrennt und, wie Sie das sicher gemacht haben, die Entlassene großzügig, nobel und gentlemanlike abgefunden, böte ich an:

›Man lernt einen Mann erst richtig kennen, wenn man sich von ihm hat scheiden lassen, sagte die vielfach verheiratete Zsa Zsa Gabor. Wenn Sie *mich* kennenlernen wollen, dann gebe ich Ihnen gern die Adresse meiner frisch Geschiedenen, die inzwischen zutiefst bereut, mir den Laufpaß gegeben zu haben.‹

Wäre ich dagegen eine durchschnittlich begabte und beruflich nur mäßig qualifizierte, aber emanzipierte Frau, die trotzdem lieber zu Hause bliebe und Kinder großzöge, schriebe ich möglicherweise:

›Die Emanzipation ist erst dann vollendet, wenn auch einmal eine total unfähige Frau in eine verantwortliche Position aufgerückt ist. Vollenden Sie mit mir die Emanzipation. Geben Sie mir die Chance, in die verantwortungsvolle Position einer Ehefrau und Mutter aufzusteigen.‹

Als Alleinerziehende probierte ich es damit:

›Bei den Jacanas, einer Vogelart im Okavango-Delta in Afrika, ist die Emanzipation am weitesten fortgeschritten. Dort brüten die Männchen die Eier aus, während sich die Weibchen nach neuen Partnern umsehen. Nichts gegen den Fortschritt, aber *das* erscheint sogar mir übertrieben. Es wäre ja auch schon was, wenn sich ein Männchen fände, das ab und zu die Kinder hütet, die ich schon habe und noch von ihm bekommen will.‹

Sagt Ihnen wahrscheinlich gar nicht zu, Herr Müller-Meyer, ich habe schon gemerkt, daß Sie auch zur Mehrheit jener Zeitgenossen gehören, die sich selbst viel zu ernst nehmen. Schade, erst auf der Grundlage heiterer Resignation gegenüber der Welt, wie sie nun mal ist und gegenüber sich selbst, wie man nun mal ist, erwächst das, woran Ihnen doch so viel liegt: die Möglichkeit, daß das, was wir so Liebe nennen, nicht *nur* ein Geschäft ist, sondern allenfalls *auch*.

Zu Ihrem Elda-Problem ist mir die Lösung inzwischen eingefallen. Ich erzähle Sie Ihnen aber erst im nächsten Brief. Nur so viel kann ich schon verraten: Ich bin dafür.«

Kapitel 9.2

Zwei Wochen nach Absendung meiner hundert Rundschreiben hockte ich auf rund sechzig Antworten, fast alle mit dem Tenor: Jetzt erst recht. Aber nichts von Julia. Nichts von Carmelita. Von Angela nichts und von Corinna nichts. Auch von Petra keine Nachricht. Meine üble Laune steigerte sich zur Wut.

Je länger die Antworten dieser fünf ausblieben, desto wichtiger wurden sie mir.

Von den anderen neun Favoritinnen aus Stapel eins hatte einzig Susanne, die mit den barocken Kurven, geschrieben, daß sie mich kennenlernen wolle. Aber ihr Brief war so dürftig und geschwätzig, daß ich mich fragte, ob *ich* überhaupt noch will.

An einem Samstagmorgen lagen wieder sechs Briefe im Kasten, darunter ein Luftpostbrief.

Aus Frankreich. Paris.

Ziemlich dick.

Ha, dachte ich beim Öffnen, hat sich ja ziemlich viel Mühe gegeben mit ihrem Rückzieher. Mal sehen, was für Ausreden ihr denn so eingefallen sind. Aber die wird eine geharnischte Antwort von mir bekommen, darauf kann sie Gift nehmen.

Zwanzig handgeschriebene Blätter kamen zum Vorschein. Ein bißchen viel für eine Absage. Will die mich kennenlernen, oder will sie mich abmeiern?

Ich begann zu lesen:

»Lieber Christian. Nachdem ich im Geiste schon bei der Lektüre Ihrer Autobiographie in den Dialog mit Ihnen getreten bin, indem ich – bald laut kommentierend, bald beifällig murmelnd, bald in eigene Gedanken versinkend einen der vielen Fäden fortspinnend – kurz in jeder erdenklichen Weise auf Ihr ›Opus‹ reagierte, muß ich nun auch mal endlich anfangen, etwas davon aufzuschreiben, auch wenn es eine völlig inadäquate Antwort wird und ich mich mündlich überzeugender finde.«

Dann ließ sie mich wissen, daß sie keineswegs, wie ich vermutete, eine ewige Studentin sei, sondern ihr Studium »längst« und natürlich brillant mit Staatsexamen und M.A. abgeschlossen habe. Und Studienstiftlerin sei sie auch.

Nachdem das klargestellt war, konnte sie sich eine große Portion Understatement leisten und meine Bedenken – sie aus der großen weiten Welt, ich aus der Provinz und unwürdig, vor ihr Angesicht zu treten – mit Gegen-Bedenken kontern: *Sie* sei in Wahrheit unwürdig, die meine zu werden, denn sie habe es viel leichter gehabt im Leben als ich. Und meine Biographie sei ja viel interessanter als die der 08/15-Abitur-Uni-Karrieristen. Sie jedenfalls fühle sich angesichts meiner Eigenleistung ganz klein.

Deshalb, und nun verfiel *sie* in einen resignativen Ton, sei es wohl von Anfang an irrational von ihr gewesen, mir zu schreiben. Denn wahrscheinlich wolle ich keine Berufsanfängerin wie sie, sondern eine, die schon lange ihre Frau steht, ähnliche Erfahrungen wie ich gemacht hat und bereit ist, den Beruf für eine schöne Familie aufzugeben oder besser: einzutauschen. So erkläre sie sich den etwas abweisenden Ton meines Briefs.

»Und was macht man als Frau, wenn man beides will? Aber das ist nicht Ihr Problem, sondern meines, das heißt, es würde Ihres, wenn Sie den Fehler machten, nach Paris zu kommen, mich anschauten und dann so gebannt von der Komplexität meiner Persönlichkeit wären – von Charme und Anmut ganz zu schweigen –, daß Sie begeistert ausriefen: Diese oder keine! und mir schließlich anböten, Ihren Schreibtisch bei der Frankfurter Rundschau zu räumen, um Hausmann zu sein und unsere Kinder großzuziehen, während ich ans Werk ginge und ein weiblicher Scholl-Latour würde. Nein? Schade. Ein so verlockender Gedanke…«

Nach dieser Zumutung erzählte sie mir ihr Leben. Den Wandel ihrer Weltsicht schilderte sie mir. Ihre Einsichten, Erfahrungen, Reflexionen über Gott und die Welt und letzte Wahrheiten über den Menschen breitete sie vor mir aus und verglich alles mit dem, was ich geschrieben hatte, stimmte zu, widersprach, führte weiter – und da wußte ich: Wir werden uns tage- und nächtelang unterhalten können.

Sie meinte das auch. Den Gedanken, sich zu treffen, ganz unverbindlich natürlich »(möglicherweise sind Sie bis dahin schon verlobt…)«, finde sie gut, denn es scheine ihr doch, daß da zwei zusammenkommen, die sich zumindest was zu sagen haben. »Auch wenn's beim Reden bleibt – denn mit der Anziehung, zumal mit der erotischen, ist's eine andere Sache, und das kann man nicht steuern und nicht vorausschauen – ist es sicher nicht umsonst.«

Ach ja, die Anziehung. Das ist ja die nächste Hürde. Bin ich erotisch? Daran wird's wohl scheitern. Es ist mir bis heute nicht gelungen, herauszufinden, worauf es bei einem Mann ankommt, damit Frauen ihn anziehend finden. Oft schon mußte ich mit ansehen, wie ein in meinen Augen lächerlicher Homunkulus die Frauen anzog wie die Fliegen. Und andere, von denen ich glaubte, daß bei ihnen die Frauen schon flach liegen, bevor die Blumen ausgepackt sind, versprühen für weibliche Augen die Erotik einer Ginsengwurzel. Welche Männer bei Frauen als erotisch gelten, zählt für mich neben dem Urknall und den Börsenkursen zu den größten aller Rätsel. Mir hat noch nie eine Frau gesagt, daß ich erotisch sei. Ich habe aber auch nie eine Frau ausdrücklich gefragt, ob sie mich erotisch finde. Ich ging wohl immer einfach davon aus, ich sei es, und da ich bisher von den Frauen nicht gerade verschmäht wurde, kann ich nicht zu den Ginsengwurzeln gehören. Aber zu denen, auf die man als Frau fliegt, gehöre ich auch nicht. Wovon es abhängt, ob Petra mich erotisch findet – keine Ahnung.

Und dann war da noch der Klassengegensatz. Sie kommt aus einer uralten Familie, die offenbar schon degeneriert war, als mein Stammbaum gerade begann. Jedenfalls erzählte sie etwas von einem Christian VII. von Dänemark, von dem ihre Mutter abstamme und der im Wahnsinn endete.

Ob das gutgehen kann?

Petra machte sich ganz andere Sorgen. Sie habe schon mal überlegt, ob sie anrufen solle, nur, um meine Stimme zu hören, aber die Idee als ungut verworfen. »Denn gesetzt den Fall, es wäre eine Stimme von der Art, in die man sich verliebt auf Anhieb, dann führte das zu unnützen Träumereien und Visionen, die beim ersten Gegenüberstehen wie Seifenblasen zerplatzten, oder aber Sie hätten fatalerweise ein hohes Fistelstimmchen und sprächen ganz furchtbar bayerisch – dann würde ich erschrekken. Also, lieber schwarz auf weiß.«

Obwohl ich höchstens über das Temperament eines alten Haflingers verfüge und mir deshalb spontane Äußerungen von Freude, Wut, Trauer oder Lust so gut wie nie unterlaufen, und schon gar nicht, wenn ich mit mir allein bin, konnte ich mich diesmal nicht mehr auf meinem Stuhl halten. Ich sprang so heftig auf, daß der Stuhl tatsächlich umkippte, und tappte wie ein Säbelzahntiger im Kreis herum.

Dann stellte ich den Stuhl zurecht, setzte ich mich wieder hin und guckte mir die Absender der anderen fünf Briefe an. Keine Angela, keine Carmelita, weder Corinna noch Julia. Ich ließ sie ungeöffnet liegen und las Petras Brief noch zweimal.

Danach duschte ich, warf mich in Schale, fuhr zum Frankfurter Hof, bestellte Champagner, Lachs und Kaviar und las Petras Brief ein viertes Mal. Am Nachmittag und Abend schrieb ich die Antwort. Am Sonntag brachte ich sie zur Post.

Kapitel 9.2.1

Drittes Zwischenspiel für Interessenten

Ich riet Müller-Meyer, sich, wenn er wirklich ganz sicher sei, Frau Elda Huber zu lieben und heiraten zu wollen, in sein Schicksal zu fügen und deren Namen anzunehmen.

»Ich könnte es mir leicht machen«, schrieb ich ihm, »und Ihnen mit dem billigen Rat kommen: Der Klügere gibt nach. Und Sie könnten mir mit Recht entgegenhalten, wenn die Klügeren immer nachgäben, kämen wir rasch zu einer Diktatur der Dummheit.

Es hülfe mir auch nichts, mit Goethe zu argumentieren: ›Name ist Schall und Rauch‹, und daher lohne es sich nicht, deswegen mit seiner jungen Liebe herumzustreiten. Denn Goethes Maxime könnten Sie ebenso Ihrer jungen Liebe vorhalten und ihr damit sagen, sie solle sich nicht so anstellen und aus der Namensfrage keine Schicksalsfrage machen.

Die pragmatische Lösung – man einigt sich auf den schöneren Namen – ist in Ihrem Fall ebenfalls nicht anwendbar. Müller-Meyer ist zwar nicht schlecht, aber Huber nicht schlechter.

Bliebe noch die Tradition, das einzige Argument, das eindeutig für Sie spräche. Aber die Es-war-schon-immer-so-Mentalität, das wissen Sie als Topmanager wahrscheinlich besser als ich, war in Konfliktsituationen noch nie eine konstruktive Hilfe. Und wenn es in der Weltgeschichte immer nur nach der Tradition gegangen wäre, denn säßen wir noch heute auf den Bäumen.

Nein, Herr Müller-Meyer, wir sind mit Ihrem Problem an dem Endpunkt einer Entwicklung angelangt, die mit Tradition oder Pragmatismus, mit Dichter- oder Volksweisheiten nicht mehr weiterzuführen ist.

Eine neue Zeit ist angebrochen, die alte ist vergangen. Wir sind mit unserem Patriarchat am Ende. Unsere Herrschaft war älter als die Kirche, hat Weltreiche und alle Revolutionen überdauert, aber jetzt ist es damit vorbei. Mit uns geht es bergab. Wir sind die letzten Kaiser. Finden wir uns damit ab, Herr Müller-Meyer.

Frauen, wie Ihre Elda Huber, haben das Wesen von Herrschaft

erkannt. Unserer Herrschaft. Wer den Dingen seinen Namen gibt, hat die Macht.

Unser Pech, daß die Frauen gerade jetzt darauf kommen. Wegen mir hätten sie damit ruhig noch ein paar Jahrzehnte warten können. Wir haben noch die Annehmlichkeiten des Patriarchats erlebt. Wir wissen, wie bequem es sich für unsereinen darin lebte. Nun müssen wir ausbaden, was unsere Väter, Großväter und Ururahnen angerichtet haben. Jetzt plötzlich auf alte Rechte und angesammelte Privilegien verzichten zu müssen, ja, das schmerzt. Aber wir haben keine Wahl. Man muß das Notwendige wollen.

Unser Trick mit dem Doppelnamen wird nicht mehr lange gutgehen. Wenn man einem Sklaven erst mal einen Finger reicht, schnappt er gleich nach der ganzen Hand. Das war schon immer so. Dieses Schicksal wird auch die Männer in Ihrer Firma, die sich über einen Herrn Huber schier totlachen möchten, noch ereilen. Das Lachen wird auch ihnen bald vergehen.

Darum rate ich Ihnen aufrichtig: Nehmen Sie den Namen Ihrer Elda Huber an, und stemmen Sie sich nicht sinnlos gegen eine Entwicklung, die sowieso kommt. Seien wir dankbar, daß uns die Frauen nicht die Köpfe abschlagen, sondern uns nur heiraten und ihre Namen behalten wollen.

Schließen Sie Frieden mit Elda. Reden Sie mit ihr über Herrschaft genauso verständig, wie Sie mit ihr über Schokoriegel reden. Verleben Sie ein paar friedliche Jahre miteinander. Halten Sie sich ein paar Hühner. Geben Sie ihnen die Namen John Wayne, Henri Nannen, Franz Josef Strauß, Alice Schwarzer, Simone de Beauvoir und Rita Süssmuth. Überzeugen Sie sich, daß John, Henry und Franz wirklich kein Ei mehr legen und delektieren Sie sich dafür an den vielen Eiern, die Ihnen Alice, Rita und Simone bescheren.

Keine sehr dankbare Rolle, ich weiß. Aber unser Schicksal. In der Weltgeschichte werden wir eine etwas trostlose Stellung einnehmen. Und was immer wir jetzt tun, ungünstig kommen wir auf alle Fälle weg. Tragen wir es wie ein Mann.«

Kapitel 9.3

»Ach, hätten Sie doch angerufen«, seufzte ich nach Paris, »dann hätten Sie erlebt, wie meine Stimme tief, das Bayerisch dezent und das Timbre sanft in Ihre Ohren dringt, und dann wären Sie jetzt verliebt und säßen längst im Nachtzug von Paris nach Frankfurt, um mich zu herzen und zu küssen und mir zu sagen, wie Sie danach fiebern, mir Hemd und Hose auf den Tisch zu legen und um meinetwillen auf Beruf und Karriere und alles andere zu verzichten. Vielleicht hätte mich Ihr Angebot so gerührt, daß ich es als viel zu großzügig abgelehnt und vorgeschlagen hätte, meinen Schreibtisch zu räumen und Ihnen jeden Morgen die Kleider auf den Tisch zu legen, vorausgesetzt, Sie entwickeln sich wirklich zu einer Petra Scholl-Latour.

Vielleicht ist es aber auch ein Glück, daß Sie nicht angerufen haben, denn wahrscheinlich wäre mir vor Schreck nicht einmal mehr gelungen, ein paar Satzbrocken ins Telefon zu hudeln, und dann wären Sie jetzt entsetzt und ganz enttäuscht und an diesem Brief schon nicht mehr interessiert. So aber besteht noch Hoffnung und die Gelegenheit, zu fragen, wie Sie darauf kommen, mein Ton sei abweisend gewesen?

An Kinder- und Familienglück, wie Sie es mir unterstellen, denke ich noch lange nicht. Ich weiß ja noch gar nicht, ob ich überhaupt als Ehemann etwas tauge. Wie kann ich mir da Vaterpflichten wünschen? Und Hausmann? Ob Sie's glauben oder nicht, es hat immer mal wieder Zeiten in meinem Leben gegeben, in denen ich dachte: Ist doch eigentlich gar nicht so schlecht. Da mußt du morgens nicht ins Büro hetzen, dich über keinen Chef, keinen Kollegen und keinen unverschämten Leserbrief ärgern, abends nicht im Stau stehen, und nachts schläfst du einfach ein, ohne deine Gedanken um die Geschichte kreisen zu lassen, die du morgen schreiben mußt.

Kinder groß ziehen? Auch nicht unvorstellbar. Kann doch viel spannender und befriedigender sein als den 99. vergeblichen Kommentar gegen die Startbahn West, die Atomkraft und das Böse in der Welt zu schreiben.

Ich weiß natürlich nicht, wie lange mir das Kinderhüten gefiele. Es kann durchaus sein, daß ich mich schon nach zwei, drei Jahren danach sehnte, weitere 99 schonungslose Abrechnungen mit dem Egoismus und der Verlogenheit der gesellschaftlichen Verhältnisse zu schreiben. Dann müßte man eben die Möglichkeit haben, wieder in seine alte Redaktion zurückzukehren, denn das wahre Glück liegt in der Abwechslung.

Ich glaube daher nicht, daß es der Haushalt und die Kinder sind, die so vielen Frauen zu schaffen machen und als Streß erlebt werden. Es ist die erschreckende Vorstellung, daß es mit Haushalt und Kindern in den nächsten 20 bis 30 Jahren so weitergeht. Es ist der Alptraum, für den Hauptteil seines Lebens auf eine einzige Rolle festgelegt zu sein, aus der es kein Entrinnen gibt, dazu die soziale Isolation, das Gefühl, vom eigentlichen Leben abgeschnitten zu sein, und schließlich der unangenehme Gedanke, kein eigenes Bankkonto mehr zu haben und vom Geld des Partners zu leben. Wenn die Kinder aus dem Haus sind, ist das Leben gelaufen, und es wird Zeit, sich um einen Platz im Altersheim zu kümmern.

Der Wunsch nach Abwechslung ist es freilich auch, der mich bisher an meiner Ehetauglichkeit zweifeln ließ. Immer mit derselben Frau, bis daß der Tod uns scheidet: Selbst wenn es die absolute Traumfrau wäre – will man jeden Tag sein Leibgericht bekommen?

Bis heute hege ich den Verdacht, daß die Ehe nur ein fauler Kompromiß ist und eigentlich jeder Mensch mindestens drei Partner bräuchte: einen für den Leib, einen für die Seele und einen für den Geist, und die drei jeweils auch nur für einen bestimmten Lebensabschnitt. Danach bräuchte man wieder andere.

Schrecklich inkonsequent, so zu denken, und dann eine Heiratsanzeige aufzugeben, per Rundschreiben die Idylle einer Ehe inmitten dreckigen Geschirrs zu verherrlichen und von gemeinsamen Töchtern zu schwärmen. Ich habe die Anzeige nur aufgegeben, um mir selbst endgültig die verrückte, von Zeit zu Zeit aufkeimende Idee zu widerlegen, es könnte irgendwo auf der Welt einen weiblichen Menschen geben, der die drei benötigten Partner in einer Person vereint, für den ich die drei ebenfalls in einer Person vereine, und mit dem ich nicht nur einen Abschnitt, sondern das ganze Leben verbringen und sieben Töchter bekommen möchte

Das ist natürlich ein völlig aberwitziger Gedanke. Der Verstand, die Wirklichkeit der Institution Ehe am Ende des 20. Jahrhunderts, die gesamte Literatur und alle Erfahrungen, die bisher mit dieser Institution gemacht wurden, sprechen dagegen, und ich hätte ihn auch schon längst ad acta gelegt, wenn es allen Tragödien zum Trotz nicht hin und wieder ein paar Ausnahmen gäbe auf dieser Welt.

Nur deshalb versuche ich im Augenblick herauszufinden, ob Sie eventuell unter Umständen vielleicht dieser Mensch, diese Ausnahme... ach nein, das wage ich gar nicht zu Ende zu denken, das wäre einfach ein zu schöner Gedanke... davon träumen kann man ja, aber es aufzuschreiben, auszusprechen kostet Überwindung, man ist doch Realist... schrecklich kindisch, an so unwahrscheinliche Zufälle zu glauben, man soll die Absurdität auch nicht auf die Spitze treiben... Andererseits: Man hat schon Pferde kotzen sehen, warum sollte denn dieses Weib in Paris nicht: was spricht denn gegen einen völlig unverbindlichen Versuch... kann ja nicht mehr als schiefgehen... man soll jedenfalls nichts unversucht lassen... Aber nein, das ist einfach verrückt, werd' endlich erwachsen, verabschiede dich von deinen Illusionen... die Menschen streben nach Glück, doch Glück ist im Universum nicht vorgesehen... Aber wieso trifft man dann ab und zu doch auf einen glücklichen Menschen, kann man denn von vornherein kategorisch ausschließen... – also Herrgott noch mal, ich will Gewißheit, ich will Sie sehen, gnädige Frau, und zwar bald!

Ihr Nachtzug geht um 0.11 Uhr. Ich richte ein Frühstück, wir verbringen den Tag und auch den nächsten miteinander, und am Montag früh gehen wir zum Standesamt. Übernachten dürfen Sie in meinem Doppelbett. Kostenlos. Und mit absoluter Gestaltungsfreiheit.«

Kapitel 9.4

»Lieber Christian«, antwortete Petra nur zwei Tage später, »Ihr Spruch mit den kotzenden Pferden gefällt mir ganz außerordentlich, in bezug auf die Liebe ist das ein sehr originelles und adäquates Bild.

Gar nicht gut gefällt mir dagegen die Sturheit, mit der Sie offenbar darauf bestehen, daß die jungen Damen allesamt bei Ihnen in Frankfurt antanzen, und auch noch in Ihrer Wohnung. Wenn die leichtsinnigen jungen Mädchen es Ihnen wirklich so einfach machen wollen, gut, deren Bier.

Ich jedoch gehe darauf niemals ein. Denn wie komme ich dazu, wildfremde Männer in ihren Wohnungen aufzusuchen und mich dort völlig schutzlos meinem sicheren Verderben preiszugeben?

Und wenn ich mich dazu herabließe, Sie zu besuchen, so bilden Sie sich bloß nicht ein, ich nähme Ihr unsittliches Angebot, bei Ihnen zu übernachten, an. Da nützt auch Ihr Hinweis auf die Gestaltungsfreiheit nichts. Was Ihr Männer Euch darunter so vorstellt, das kennt man ja.

Nein, da Sie wahrscheinlich über kein anständiges Gästezimmer verfügen, bestehe ich auf ein Hotel, zumal ich nicht weiß, wie ich reagiere, wenn ich nur Satzbrocken hingesudelt bekomme. Vielleicht bin ich dann froh, wenn ich einen Fluchtpunkt habe.

Aber was rede ich da, ich komme ja sowieso nicht. Sie glauben doch nicht im Ernst, daß *ich* mich in den Nachtzug nach Frankfurt setze, nur um mich von Ihnen in Ihren Wochenendharem einreihen zu lassen. Statt Ihre Zeit für die Damen 1 bis 6 zu verplanen, täten Sie viel besser daran, Ihr erschreckendes Bildungsmanko auszugleichen und die schönste Hauptstadt Europas oder vielleicht der Welt kennenzulernen, ganz abgesehen davon, daß ein erstes Treffen im Café de Flore bei St. Germain-des-Prés (war Sartres Stammcafé) oder auf Montmartre natürlich etwas anderes ist als auf dem Römer.

Aber bitte schön, Sie müssen's ja wissen. Wenn Sie meinen, mich wegen Ihrer anderen Flittchen noch wochenlang hinhalten zu müssen, tun Sie's. Ich kann hier tagtäglich dem Mann meines Lebens begegnen.

Bevor Sie sich aber nun erschrocken in Unkosten stürzen und in den Nachtzug nach Paris setzen, um dieses Unglück zu verhindern, muß ich Sie korrekterweise noch darauf aufmerksam machen, daß bei einer Heirat mit mir weder eine pekuniäre Mitgift, noch Tafelsilber, noch die übliche Ausstattung Bettwäsche zu erwarten ist, da meine Eltern es vorzogen, ihr Geld zu verprassen und uns vier Kinder dafür studieren zu lassen.

Nun müssen Sie sagen: Dem Himmel sei Dank, daß sie wenigstens arm ist – bei all ihrer Vollkommenheit.«

Kapitel 9.4.1

Viertes Zwischenspiel für Interessenten

Müller-Meyer war sauer. »Unter den Pantoffel gehe ich nie«, schrieb er, »schon gar nicht freiwillig und erst recht nicht jetzt. Während Sie mich mit Ihren geschichtsphilosophischen Betrachtungen und Untergangsgesängen langweilten, hat Elda gekündigt und liegt mit mir im Hader. Sie konnte das Getuschel der Leute in der Firma nicht mehr ertragen, und mit mir hat sie auch allerhand Querelen. Hören Sie also auf, mich als letzten Mohikaner des Kapitals zu beschimpfen. Raten Sie mir lieber, wie ich Elda von ihrem lächerlichen Emanzentrip abbringen kann, und ob ich mich überhaupt noch um sie bemühen soll.

Emanzen wie Elda taugen gut als Geliebte. Als Freundin oder Ehefrau gehen sie einem nur noch auf die Nerven. Absolut belanglose Angelegenheiten wie die Frage, wer in der Küche schnell etwas zu essen macht, den Tisch ab- oder die Spülmaschine einräumt, werden von diesen Nölen in den Rang der Weltpolitik erhoben. Daß ich sie häufiger unterbreche, als sie mich unterbricht, nimmt sie zum Anlaß einer abendfüllenden Diskussion. Wer wann für wen wieviel Zeit hat, ob wir zu ihr oder zu mir gehen, wer einkauft, wer im Restaurant bezahlt, wer nach einem Streit einlenkt und den Anfang zur Versöhnung macht, das alles muß thematisiert, problematisiert und von mindestens sechs Seiten beleuchtet werden. Sogar ihr Orgasmus und das, was ihm vorausging, bedarf einer ausführlichen Erörterung. Neulich war sie beleidigt, weil ich ihr eine Küchenmaschine schenkte. Es war das teuerste Modell von Bosch, hatte ich meiner früheren Frau auch schon geschenkt, und von der bekam ich eine Umarmung und einen Kuß.

Überhaupt meine Geschiedene. Sie werden es nicht für möglich halten, aber es gibt Tage, da sehne ich mich nach ihr zurück. Die hat über solche Lappalien kein Wort verloren. Die hat den Tisch einfach abgeräumt. Die war auch berufstätig, zwar nur halbtags, aber sie hat den Haushalt geschmissen, ohne ein Aufheben davon zu machen. Die hat abends gewußt, daß ich einen anstrengenden Tag hinter mir habe und war daran interessiert, einem abgekämpften Mann seinen verdienten Feierabend zu verschönern.

Sie war eine Frau vom alten Kaliber. Das junge Kroppzeug, das da jetzt nachkommt, ist verdorben vom modischen Geschwätz einiger Berufsemanzen, die nur Streit und Unglück in die Familien hineintragen. Ich sehe es doch in meiner unmittelbaren Umgebung, wohin diese Verirrungen führen. Einem meiner engsten Mitarbeiter ist kürzlich die Frau davongelaufen, weil sie sich selbst verwirklichen will. Was aus den Kindern wird und aus der im Haus lebenden Großmutter, hat sie nicht interessiert.

Die Frau meines Bruders wurde plötzlich von der fixen Idee gepeinigt, sie müsse auf ihre Visitenkarte auch irgendeinen Beruf schreiben. Hat nichts gelernt, hat gleich nach dem Abitur meinen Bruder geheiratet und zwei Kinder großgezogen. Damals war es noch Liebe. Jetzt, nach 20 Jahren fällt ihr ein, was sie alles versäumt hat, jetzt geht sie allein mit Freundinnen aus, fährt allein in Urlaub und hat durchgesetzt, daß ihr mein Bruder einen Antiquitätenladen einrichtet. Seit drei Jahren macht dieser Laden Verlust, und mein Bruder, der Trottel, zahlt, und bereitet sich, wenn er nach Hause kommt, das Abendessen selber zu.

Wenn es mit der christlich-abendländischen Kultur zu Ende geht, dann haben wir das diesen Weibern zu verdanken, die keine Kinder mehr kriegen wollen, keine Pflichten mehr kennen und nur noch an sich selber denken. Aber noch ist nicht aller Tage Abend. Noch ist Zeit für eine Wende.

Nein, ich habe es satt, mir von diesen Weibern auf den Kopf spucken zu lassen, nur weil ich ein Mann bin. Gerade weil ich ein Mann bin, will ich auch wieder einer sein. Das werde ich Elda zeigen, auf den Tisch werde ich hauen, jewohl, und wer weiß, vielleicht ist es gerade das, was sie sich insgeheim wünscht.«

Kapitel 9.5

Während mein Brief an Petra nach Frankreich flog, war Angelas Brief an mich unterwegs. Am Montag nach dem erlösenden Wochenende fischte ich ihre Antwort unter drei anderen aus meinem Kasten.

Angela, die Pfarrerstochter, die promovierende Theologin und komplizierte Psychologin, sie sagte ja.

»Kompliment: Du hast's geschafft, mich unheimlich neugierig zu machen auf Dich«, schrieb Angela. »Das schaffen Männer eigentlich immer seltener, dafür um so häufiger Frauen, von denen es immer mehr faszinierende, starke etc. ... gibt, findest Du nicht?«

Spontan mich anzurufen, mir zu sagen, sie möchte mich sehen, ausfragen, mir antworten, zuhören, widersprechen und... und... und... sei ihr erster Gedanke gewesen. Dann habe aber doch die Disziplin gesiegt.

»Mehrere Passagen in Deinem ›emotionalen Lebenslauf‹ (wie ich das als Psychoanalytiker nennen würde) haben mich ›angerührt‹, Du warst mir sehr ›nah‹, viele Erfahrungen haben wir gemeinsam, aber anderes ist mir von meinem Erfahrungshorizont her fremd.«

Dann tadelte sie mich wegen meiner Resignation im »Hinblick auf Sozialismus / Sozialisten / Linkssein«. Sie sei ein wenig traurig gewesen darüber. Sie glaubte, sie sei da hoffnungsvoller, optimistischer. »Vielleicht: engagierter?«

»Ob ich Dich noch warnen sollte, Dich in mich zu verlieben?? Ich bin zwar (meistens) sanftmütig, aber manchmal flippe ich (Zitat meines Vaters: ›Das Kind ist total verrückt.‹) aus.« Sie habe in den letzten Jahren gelernt, allein stark zu sein, sich ziemlich unabhängig gemacht, speziell von Männern, aber wenn sie sich verliebe, so richtig, dann werde sie »ganz sanft und feminin und anschmiegsam und zärtlichkeitssüchtig und beziehungsorientiert (wie man so sagt) – in einem Wort: so richtig ›altmodisch‹«.

Auch von Treue halte sie viel. »Naja, ich hab' auch eine sehr aufregende, ›offene‹(?) Ehe mit einem extrem klugen, originellen, linken, friedensbewegten ›Softie‹ (wir lagen voll im Trend) hinter mir, na, Du kennst solche Beziehungen wahrscheinlich.

Ach so: Am besten an Deiner Lebensperspektive gefällt mir das Projekt: Töchter.« Damit könne sie sich total identifizieren. Sie finde: »Wir sollten uns wirklich kennenlernen.«

»Finde ich auch«, schrieb ich ihr schnell auf einem Kärtchen. »Dein herzlicher Brief rührte mich ebenfalls an. Für eine ausführlichere Antwort will ich mir Zeit nehmen, darum mußt Du Dich ein wenig gedulden. Ich werde erst am Wochenende dazu kommen. Telefonieren sollten wir noch nicht.«

Kapitel 9.5.1

Fünftes Zwischenspiel für Interessenten

»Tun Sie's nicht«, schrieb ich an Müller-Meyer, »oder wenn Sie meinen, es tun zu müssen, dann hauen Sie nicht mit der Faust auf den Tisch, sondern mit Argumenten. Mit Fäusten ist bei Frauen wie Elda nichts mehr zu machen, glauben Sie mir.

Mit Argumenten jedoch kann ich Ihnen leider nicht helfen. Es fallen mir keine ein. Ich kann Ihnen höchstens sagen, mit was für Argumenten Elda auf den Putz hauen wird.

Elda wird Sie belehren, daß Sie den Fehler aller gestürzten Herrscher wiederholen: die Verwechslung des eigenen Untergangs mit dem Untergang der Welt.

Tatsächlich aber geht gar nichts unter, wenn Sie künftig im Wechsel mit Elda das Klo putzen, schon gar nicht das christliche Abendland. Im Gegenteil. Ihr christliches Abendland, dessen Untergang Sie heraufbeschwören, ist doch der Urheber jener

Idee, gegen die Sie so rebellieren. Die Gleichheit aller Menschen ist eine Erfindung Ihres geliebten Abendlandes.

Solange es nur eine Idee war, haben wir Männer gut damit gelebt. Jetzt, da die Frauen die Verwirklichung dieser Männer-Idee einklagen, werfen Männer wie Sie ihnen vor, nur Haß und Zwietracht in die Ehen und Familien zu tragen. Jetzt werden Sie und Ihresgleichen zu Nostalgikern und sehnen sich nach der Zeit der Ungleichheit zurück.

In Dutzenden von Büchern, in Tausenden von Artikeln ergehen sich die Nostalgiker über die Vorzüge der ›natürlichen‹ Rollenverteilung zwischen Mann und Frau und werden nicht müde, das durch weibliche Emanzipationsversuche hervorgerufene Elend zu beschwören. Die kriselnden Ehen, die kaputten Familien, die vernachlässigten Kinder, die abgeschobenen Alten – daran ist die Frau schuld, die sich ihren ›natürlichen‹ Pflichten entzieht.

Selbstverständlich ist es einfacher, eine Haushälterin zu heiraten, die keine Ansprüche stellt, keinen Ärger macht und Ärger von einem fernhält und die mit Pelzmantel und Brillanten beruhigt wird. Da kann man sich in Ruhe um seine Arbeit kümmern, und darum sehen sich Personalchefs, bevor sie jemanden als leitenden Mitarbeiter einstellen, auch dessen Ehefrau an.

Die Wirtschaft in Europa, Amerika und Japan ist darauf angewiesen, daß es Frauen gibt, die ihren Männern ermöglichen, sich voll für ihre Unternehmen einzusetzen. Der junge aufstrebende Dynamiker, der die Spitzen der Hierarchie erklimmen will, tut gut daran, sich eine Frau zu suchen, die ihm nicht mit eigenen Ambitionen die Karriere ruiniert. Ein zänkisches Weib ist Gift für einen ›Hochleister‹.

Selbstverständlich ist es bequemer, den Haushalt, die Kinderaufzucht und die Altenpflege einfach der Frau zu überantworten. Die Welt wie eine Firma in Zuständigkeitsbereiche einzuteilen, Rollen zuzuweisen und Entscheidungen nach dem Prinzip von Befehl und Gehorsam durchzusetzen ist natürlich ungeheuer effizient.

Aber wenn Einfachheit, Effizienz und reibungsloses Funktionieren die Kriterien wären, nach denen wir uns auf dieser Welt einrichten sollten, dann müßte man die Demokratie abschaffen und die Sklaverei wieder einführen.

Wenn man das nicht will, wenn man statt dessen zunehmend jene großen Werte verwirklichen will, auf denen Ihre christlich-abendländische Kultur ruht, Herr Müller-Meyer, dann muß man allerdings auch in Kauf nehmen, daß alles zunehmend komplizierter, umständlicher, langwieriger, konfliktträchtiger, diskussionsbedürftiger, kurz: demokratischer wird. Gerechtigkeit ist schwierig zu leben.

Blicken Sie also nicht nostalgisch auf Ihre alte Ehe mit einer Frau zurück, die Sie nie als gleichwertig anerkannt haben, schauen Sie nach vorn, gehen Sie zu Ihrer Elda, hören Sie ihr zu, wenn sie Ihre Herrschaftsallüren thematisiert. Sie tut's nicht, um Sie zu ärgern, sie tut's nur, weil auch sie schon vor langer Zeit zum Menschen ausgerufen worden ist, aber noch immer wie ein Knecht behandelt wird.

Und bedenken Sie: Sie haben es im Grunde viel leichter als unsereins. Sie haben Ihre Karriere schon gemacht. Ihnen kann nichts mehr passieren. Wir jungen Softies dagegen, die wir uns zwischen Familie und Karriere entscheiden müssen, wir werden nie mehr Karriere machen, es sei denn, wir krempeln die Wirtschaft um. Männer wie Sie könnten uns dabei helfen. Ich werde darauf zurückkommen, wenn es soweit ist. Für heute möchte ich mich von Ihnen verabschieden. Ich kann Ihnen für eine Weile nicht mehr schreiben, denn ich muß so viele andere Briefe schreiben. Ich stehe vor wichtigen Entscheidungen und suche eine Elda, die mir meine Karriere ruiniert.«

Kapitel 9.6

Julia, das entwurzelte Bauernmädchen aus der Großstadt, sagte ja. Corinna, die Opernsängerin, auch. Die Briefe der beiden trafen einen Tag nach Angelas Zusage bei mir ein. Jetzt fehlte nur noch Carmelita.

Julia hatte sich meine Bitte zu Herzen genommen und mir ein Automatenfoto mitgeschickt. »Zur Erleichterung Deiner Arbeit an der Skizze« hatte sie auf die Rückseite geschrieben. Ein Prachtweib mit dichtem, schwarzem Haar und sinnlichen Lippen, dunklen Mandelaugen mit intelligentem Ausdruck und wachem Blick, dazu ein feines Profil – warum rackert sie sich für wenig Geld an der Uni ab? Sie könnte als Fotomodell das Zehnfache verdienen.

»Tagelang schlich ich um mein Telefon herum«, schrieb Julia. »Ein paarmal hatte ich schon den Hörer in der Hand, nach Frankfurt gewählt – und dann wieder aufgelegt. Ich war zu aufgeregt. Und Du wolltest ja auch gar nicht angerufen werden. Also schreibe ich Dir: Bitte, bitte mach' Deine Drohung mit dem ›Brief und noch ein Brief und noch einer‹ nicht wahr. Ruf' mich heute noch an und sag' mir, daß ich morgen nach Frankfurt kommen soll. Die Ähnlichkeit unserer Erfahrungen ist so erstaunlich, daß ich Dich auf jeden Fall kennenlernen will, auch wenn Du inzwischen schon ›vergeben‹ sein solltest.«

Sie habe sich ja durchaus auf einen längeren Briefverkehr einlassen wollen, habe auch viele, viele Seiten eng beschrieben, sie aber in den Papierkorb geworfen, weil sie nicht damit zufrieden gewesen sei. »Das Ganze hat sich mehrmals wiederholt, bis ich feststellte: Eine adäquate Antwort gelingt mir nicht. Laß uns miteinander reden.«

Ähnlich war es bei Corinna. Am liebsten hätte sie sich gleich ins Auto gesetzt, um bei mir in Frankfurt einfach mit der Tür ins Haus zu fallen, schrieb sie. Aber schließlich habe sie sich diszipliniert und sich einen langen Brief abgequält, ihn täglich verbessert, umgeschrieben, gekürzt, verlängert, bis er nicht mehr zu lesen war. Nun wolle sie schlicht fragen: »Wann sehen wir uns?«

Am Freitag lag Carmelitas Brief im Kasten. Eine Zusage.

Dazu Petras dritter Brief. Sie beharrt auf meinem Besuch in Paris.

Ist das zu fassen? Angela will mich, Carmelita will mich, Corinna, Julia, Petra wollen mich. Und Susanne will mich. Sechs kluge Frauen, eine schöner als die andere, werben um meine Gunst. Dazu all die anderen, an denen mir mittlerweile nicht mehr so viel liegt, deren Wunsch, mich kennenzulernen, mir gleichwohl schmeichelt. Mehr als achtzig haben inzwischen die Option eins gewählt: Jetzt erst recht.

Das tat der eitlen Seele wohl. Das katapultierte das Selbstbewußtsein in luftige Höhen. Das war eine der erfolgreichsten Wochen meines Lebens.

Ich fühlte mich wie der Froschkönig nach dem Kuß der Prinzessin.

Und ich war fest entschlossen, mir mit einer dieser sechs Prinzessinnen ein Königreich zu erobern.

Kapitel 9.7

Abends ging ich in eine Sachsenhäuser Kneipe, um den Erfolg zu begießen. Und da geschah das Unerwartete: Bildete ich es mir ein, oder saßen da wirklich ein paar Frauen, die mich beim Eintreten aufmerksam musterten? Ich wollte mich aufrichten, aber merkte, daß ich bereits aufgerichtet war. Erhobenen Hauptes marschierte ich zur Theke, bestellte ein Bier und guckte mich verstohlen um.

Tatsächlich, da hinten in der Ecke wurde ich betrachtet, verstohlen natürlich. Ich schüttete das Bier in mich hinein, zahlte und ging in die nächste Kneipe, um zu testen, ob ich träumte oder wachte. Stolz wie ein Pfau, mit vorgewölbter Brust, federndem Gang und gerecktem Kopf betrat ich die Szene.

Es war kein Traum. Man nahm Notiz von mir. Was hatte sich geändert? Ich? Oder nur meine Wahrnehmung? Vielleicht wurde ich ja schon immer beachtet, und hatte es nur in letzter Zeit nicht gemerkt, weil ich es nicht mehr erwartete?

Nein, das war es nicht. Mein Bild von mir selbst hatte sich geändert, und mit meiner Selbstwahrnehmung änderte sich der ganze Kerl. Mogelte ich mich früher in eine Kneipe einfach nur hinein und huschte durch den Raum, als ob ich nicht gesehen werden wollte, so genoß ich jetzt meinen Auftritt.

Unbewußt, wie von selbst, quasi über Nacht, und von mir zunächst unbemerkt, hat sich meine Körperhaltung geändert, haben sich meine Gesichtszüge gestrafft, ist mein Gang federnder und gleichzeitig energischer geworden.

Ich sah in mir plötzlich wieder einen von den klügsten und schönsten Frauen begehrten Mann, und so trat ich auch auf. Ich strahlte an die versammelte Frauenschar die Botschaft aus: Wenn ihr meine Bekanntschaft machen wollt, bitte sehr, aber ich bin auf euch nicht angewiesen. Erwartet von mir nicht, daß ich mir den Kopf zerbreche, wie ich auf möglichst geistreiche und originelle Art eure Aufmerksamkeit erheische. Ich habe es nicht nötig, Gnade vor euch zu finden. Wer mich nicht toll findet, ist sowieso unter meinem Niveau.

Ich glaube, daß es das ist, was Frauen meinen, wenn sie sagen: Dieser Mann hat Ausstrahlung.

Tatsächlich kam ich an diesem Abend mühelos mit den verschiedensten Frauen ins Gespräch. Die alte Unbefangenheit war wieder da. Die Schwere, die früher auf mir lastete, wenn ich mich einer Frau meines Interesses näherte, sie war weg. Das Leben erschien mir auf einmal wieder leicht wie in der Jugendzeit.

Von da an ging ich jeden Abend aus. Jeden Abend lernte ich eine andere kennen. Keine reichte an meine fünf Favoritinnen heran. Dennoch führte ich jede meiner Kneipenbekanntschaften nach Hause. Ich hatte nämlich den festen Vorsatz, in der Ehe treu zu sein. Also mußte ich schnell noch die letzten Tage der Single-Freiheit auskosten.

Kapitel 9.8

Das Leben erschien mir also wieder leicht wie in der Jugendzeit. Aber es war viel anstrengender. Außerdem wurde es zunehmend komplizierter.

Am Wochenende hatte ich an Angela, Julia, Carmelita, Corinna und Petra geschrieben. Das war zwar echte Arbeit, aber es hat Spaß gemacht.

Am darauffolgenden Mittwoch artete es jedoch endgültig zu Streß aus. An diesem Tag lagen in der Post Nachzügler, die noch schnell auf meine Anzeige antworteten, dazu immer noch Reaktionen auf meinen Rundbrief, zusätzlich der jeweils dritte Brief von Angela, Julia und Corinna, und am Donnerstag kam der vierte Brief von Petra samt einem Strauß von sieben roten Rosen – noch keine Liebeserklärung, nur die Einlösung eines Versprechens.

In einem meiner Briefe hatte ich ihr geschrieben, wenn sie wirklich eine Petra Scholl-Latour werden wolle, müsse sie jetzt den Grundstein dafür legen, am besten mit einer Hospitanz bei der ZEIT. Sie dankte für den Tip, bewarb sich und versprach mir sieben rote Rosen für den Fall, daß sie genommen würde. Nun war sie also genommen.

Auch die restlichen Damen aus dem Favoritinnen-Stapel hatten inzwischen geantwortet. Alle positiv.

Ich verlor den Überblick. Ich wußte nicht mehr genau, was ich wem geschrieben hatte. Ich verwechselte Namen und Adressen, und mir war völlig unklar, wie ich weiter vorgehen sollte. Ich nahm drei Tage Urlaub.

Bis zu diesem Zeitpunkt war die Sache ein schönes Spiel für mich, ein spannender Zeitvertreib. Aber jetzt wurde es ernst, und das Spiel drohte grausame Züge anzunehmen.

Da geben sich Dutzende von Frauen schönen Träumen und Illusionen hin, machen sich Hoffnungen, malen sich eine Zukunft mit mir aus und wissen noch nicht, daß sie schon ausgeschieden sind. Und da sind die fünf Frauen, auf die ich mich von Anfang an konzentrierte, und schon jetzt bricht mir das Herz, wenn ich daran denke, daß am Ende vier von ihnen eine Absage erhalten müssen.

Aber wer weiß, vielleicht passiert ja auch das Umgekehrte. Vielleicht sagt jede der fünf: Nein, jetzt, da ich dich »live« erlebt habe, jetzt lieber doch nicht.

Ursprünglich hatte ich mir vorgestellt, daß ich mir mindestens ein halbes Jahr Zeit lasse mit der Entscheidung, daß ich zu mehreren Frauen gleichzeitig noch möglichst lange einen möglichst unverbindlichen Kontakt halte, in der Hoffnung, daß sich die Entscheidung von selbst ergibt. Aber jetzt sah ich ein: Ich kann sie nicht einfach so hinhalten, sie wollen wissen, woran sie sind.

Es muß jetzt also rasch entschieden werden. Das mit dem Hin

und Her der Briefe kannst du dir aus dem Kopf schlagen. Du mußt dich bald mit jeder der fünf treffen.

Und was mache ich mit den anderen, die auch auf eine Antwort warten? Gleich absagen? Sie noch eine Weile hinhalten, um auf eine Reserve zurückgreifen zu können für den Fall, daß es mit keiner der fünf was wird?

Nein, sei ehrlich, auf die zweite Wahl wirst du doch auch dann nicht zurückgreifen. Du probierst es lieber ein weiteres Mal mit einer weiteren Anzeige. Also sag' ihnen ab.

Drei Tage lang schrieb ich Absagen.

Unterdessen traf Petras fünfter Brief ein. Sie klang schon ganz verliebt und fragte, wann ich denn endlich nach Paris käme?

Kapitel 9.9

Eine Zeitlang spielte ich mit dem Gedanken, alles auf eine Karte zu setzen, auf die Karte namens Petra. Zwar lagen die fünf Kronprinzessinnen in meiner Gunst alle auf dem vordersten Platz, aber Petra war noch eine Nasenlänge weiter vorn. Das erschien mir doch als zu voreilig, zumal sich auch der Briefwechsel mit den anderen vieren sehr erfreulich gestaltete.

Plötzlich sah ich mich ums Telefon herumschleichen. Telefonieren würde jetzt vielleicht vieles vereinfachen, ganz sicher aber die Sache beschleunigen. Warum greife ich nicht zum Hörer?

Wahrscheinlich wegen der Zwangsvorstellung, daß ich zum allerersten Mal die Nummer der Dame wählte, mit der ich vielleicht den Rest meines Lebens verbringen möchte, und am anderen Ende meldet sich eine, die gerade in der Küche ein viergängiges Menü für sechs Personen vorbereitet. Oder sie antwortet so komisch, einsilbig und abweisend, daß ich erst nach anderthalb Minuten auf die Frage komme, ob sie vielleicht Besuch hat. Und dann kriege ich dankbar die Antwort, die Mutter, die Freundin, ein Verflossener von früher, der Geschiedene sei da, und ich solle doch später noch einmal anrufen, am besten morgen früh um zehn.

Ich rufe natürlich am anderen Tag um zehn nicht an, auch

später nicht, ich rufe überhaupt nicht mehr an, denn dieser Anfang war so verkorkst, daß daraus nichts mehr werden kann.

Natürlich, ich hätte auch Glück haben und die Dame meines Interesses ganz allein an der Strippe haben können. Aber auch das wäre keine Garantie für einen schönen Anfang gewesen. Es hätte ja sein können, daß sie gerade von einer Veranstaltung, einem Fest, einer Einladung kommt, noch ganz erfüllt ist von ihren Erlebnissen und darum jetzt nicht richtig disponiert ist für so ein Telefonat. Oder sie hat Ärger im Büro gehabt und ist nicht gut drauf. Oder sie hat gerade einen aufregenden Flirt hinter sich, oder...

Jedenfalls: Alles Weitere steht unter einem ungünstigen Stern.

Die Frauen, die mir schrieben, schienen diese Bedenken nicht zu haben. So viele gaben von Anfang an einfach nur eine Telefonnummer an.

Dahinter steckt eine Mentalität, die mir nicht paßt. Da entdeckt jemand sein Bedürfnis nach einem Partner, und schon muß es befriedigt werden. Also antwortet man schnell auf eine Anzeige, beschränkt sich auf die Angabe seiner Nummer und erwartet, daß sich der Angeschriebene sofort ans Telefon hängt und einen Termin ausmacht. Dann trifft man sich, hat sich nichts zu sagen, und hört nie wieder voneinander.

Ich glaube, beiläufig zwischen Feierabend und Tagesschau, so ganz und gar unverbindlich, kann man die Sache nicht angehen. Ich glaube, so völlig voraussetzungslos und unvorbereitet kann man nicht zum ersten Treffen gehen. Man ist aufgeregt, ein wenig peinlich berührt, fühlt sich unsicher und angespannt. Unter solchen Voraussetzungen kann man sich nicht entfalten, merkt es und fragt sich, was ist plötzlich los mit dir, wird noch nervöser und überträgt seine Nervosität auf den anderen, der selber schon nervös genug ist. Das Ganze wird ein Kampf, und man überlegt nur noch, wie man sich jetzt mit einem Minimum an Verlegenheit aus der Affäre zieht und sich verabschiedet. Und dann denkt man: War wohl doch nicht der richtige Weg, so eine Kontaktanzeige.

Dabei wurde der Weg nur falsch beschritten. Er wurde beschritten in der typischen Gedankenlosigkeit des neuzeitlichen

Menschen, der gewohnt ist, daß er auf einen Knopf drückt und augenblicklich eine Wirkung eintritt. Wir hätten die Dinge gern ohne viel Aufwand erledigt, es darf nicht anstrengen und sollte möglichst unverbindlich sein, es muß schnell gehen, unkompliziert, billig und problemlos.

Gipfel erklimmen wir mit dem Auto oder der Seilbahn. Partygäste bewirten wir nicht mehr mit Selbstgekochtem, sondern lassen etwas kommen. Die gesparte Zeit verwenden wir nicht, um uns eine launige Rede, einen Sketch oder eine unterhaltsame Idee für die Gestaltung des Abends auszudenken, sondern wir engagieren einen Komiker. Die Gäste wissen das, und darum denken sie sich auch nichts aus. Eine Sprache erlernen wir innerhalb von vier Wochen im Crash-Kurs. Persönlichkeit legen wir uns im Wochenendseminar zu. Charakterfehler beheben wir im Psychotraining.

Am liebsten würden wir alle unsere Probleme so lösen, wie man einen Nescafé macht: Pulver rein, Wasser drauf, umrühren, fertig. Darum schreiben wir auch keine Briefe mehr. Mutters Geburtstag, Vaters Jubiläum, die Niederkunft der besten Freundin – das sind keine Anlässe mehr für einen aufwendigen Brief. Das reden wir mit Alltagsgebrabbel per Telefon weg. Auch für das Problem der Partnerwahl wäre uns so eine Instantlösung am liebsten.

Gerade wegen dieser Mentalität setzte ich von Anfang an auf den Brief. Je mehr nämlich das Briefeschreiben aus der Mode kommt, desto aussagekräftiger werden Briefe. Aus einem einzigen Brief erfahre ich mehr über den Schreiber als aus einem mehrstündigen Telefongespräch oder nach einem ersten persönlichen Kennenlernen.

In der Quasselgesellschaft wächst die Fähigkeit, sich durch Reden zu tarnen und zu verstecken, und damit die anderen zu täuschen und zu blenden. Die Kunst der Selbstdarstellung durch Reden wird in der Regel beherrscht. Ist jedoch so ein blendender Quassler gezwungen zu schreiben, entlarvt er sich, ohne es zu merken, denn seine Kunst der schriftlichen Selbstdarstellung ist verkümmert.

Hinzu kommt: Ein Brief ist unverbindlicher als ein Telefonat, ein Telefonat unverbindlicher als ein Treffen. Alle drei zusammen ergeben eine natürliche Reihenfolge, und jetzt war ich noch in der Briefphase.

Darum hörte ich auf, ums Telefon herumzuschleichen, hockte mich hin und schrieb sechs Briefe, je einen an Angela, Carmelita, Corinna, Julia, Petra und Susanne. Am Ende jedes Briefs schlug ich jeder ein Datum und eine Uhrzeit für ein Telefonat vor, bat aber, mir vorher noch einmal zu schreiben.

Kapitel 10

Jedem Anfang wohnt ein Zauber inne. Bis jetzt war der Zauber durch nichts getrübt. Ich hatte mich angestrengt mit meiner Anzeige, mich erfolgreich um die vielen Frauen bemüht, die mir schrieben, und hatte es geschafft, die Attraktivsten unter ihnen für mich zu interessieren. Jeder einzelnen von ihnen und auch mir selbst habe ich das Gefühl gegeben, richtig entschieden und mit jedem Brief mehr das gegenseitige Interesse gesteigert zu haben.

Es war ein Spiel, das allen Teilnehmern um so mehr Freude machte, je länger es dauerte, und alle in einen Zustand der Schwebe versetzte. Schöner konnte es nicht mehr werden. Darum hätte ich am liebsten die Zeit angehalten, um für immer in diesem Zauber eines gelungenen Anfangs zu verweilen.

Darum hatte ich Angst vor den Telefonaten.

In fünf Minuten werde ich zum erstenmal mit Carmelita sprechen. In fünf Minuten kann alles ins Rutschen kommen, der zauberhafte Schwebezustand enden. In fünf Minuten kann die erste meiner fünf Favoritinnen unsanft auf den Boden plumpsen. Und ich mit ihr.

Bis jetzt hatte ich alles im Griff. Ich bestimmte die Spielregeln. Ich reagierte, wann ich wollte, wie ich wollte und wie oft ich wollte. Jeden einzelnen Satz konnte ich mir zehnmal überlegen, bis ich ihn hinschrieb. Jeden weiteren Schritt plante ich mit großer Sorgfalt. Jede Entscheidung fiel erst nach reiflicher Prüfung.

In vier Minuten wird mir meine absolute Herrschaft über das Verfahren entzogen. In vier Minuten wird Carmelita mitmischen. Zwei Stunden später kommt Corinna hinzu, morgen Angela und Julia, übermorgen Petra. Die Reihenfolge entsprach der Rangordnung, nach der ich die Damen zu treffen wünschte. Die Festlegung dieser Reihenfolge und die Wahl der zeitlichen Abstände zwischen diesen Telefonaten war vermutlich das letzte, was ich in diesem Spiel noch ganz allein entschieden habe.

Nachdem ich von jeder mindestens drei sehr ausführliche Briefe erhalten hatte, setzte ich rein gefühlsmäßig auf Petra und Julia größere Hoffnungen als auf Carmelita und Corinna, auf Petra etwas mehr als auf Julia, und auf Carmelita etwas mehr als auf Corinna. Bei Angela war ich mir nicht so sicher. Sie stand zwischen allen.

Als Sonderfall betrachtete ich die üppige Susanne. Susanne war im Grunde schon ausgeschieden. Ich hatte auch schon mit ihr telefoniert, mich mit ihr freundschaftlich über Astrologie und Esoterik gestritten, denn über etwas anderes konnte man mit ihr nicht reden, und einen Termin für ein Treffen ausgemacht. Ich weiß nicht, warum sie auf ein Treffen Wert legte. Aber ich weiß, warum *ich* Wert darauf legte. Carmelita, die Kollegin vom Hessischen Rundfunk, irritierte mich durch gleichbleibende Kühle und unverbindliche Freundlichkeit. Bei ihr war ich mir auch nicht im klaren darüber, warum sie mich treffen wollte. Wahrscheinlich kamen wir beide einander ein wenig sonderbar vor, und wahrscheinlich war deshalb das Motiv für beide die übliche journalistische Neugier.

In drei Minuten werde ich sie an der Strippe haben. In drei Minuten werde ich spontan reden, reagieren, und entscheiden müssen. In drei Minuten wird die erste Mitspielerin zur ersten Mitregisseurin aufsteigen.

Mit Carmelita wollte ich mich zuerst treffen, weil sie mir am nächsten wohnte und ich deshalb annahm, daß ein Treffen mit ihr am schnellsten zustande kommen könnte. Und ich wünschte ja eine Beschleunigung des Verfahrens. Petra hob ich mir für zuletzt auf, nicht nur weil sie am weitesten von mir entfernt wohnte, sondern auch, weil ich sie für mein bestes Stück hielt. Bei den anderen war ich flexibel, da erschien mir die Einhaltung einer bestimmten Reihenfolge nicht so wichtig.

Einen Moment lang überlegte ich, ob ich nicht umgekehrt vorgehen sollte, Petra zuerst, und dann die ganze Rangfolge hinunter. Mir fiel kein rationaler Grund dagegen ein, nur gefühlsmäßig behagte es mir nicht, und so blieb es wie geplant.

In einer Minute werde ich mich mit Carmelita zu meinem ersten Treffen verabreden.

Kapitel 11

»Na Gott sei Dank«, seufzte Carmelita, »ich sitze hier schon mit schwitzigen Händen eine viertel Stunde vor dem Telefon herum und warte, daß es endlich klingelt. Bist ja ein ganz schön autoritärer Knochen. Verbietest mir einfach, bei dir anzurufen, bestellst mich zu einem Telefontermin, und gleich wirst du mir sagen, wann und wo ich mich zum Vorstellungsgespräch einzufinden habe, stimmt's?«

»Stimmt«, sagte ich, »übermorgen um 20 Uhr bei mir. Es gibt gemischten Braten mit Knödeln und gemischtem Salat, vorher geräucherte Forellenfilets mit Sahnemeerrettich und eine fränkische Hochzeitssuppe, nachher Fürst-Pückler-Eis mit Schokosoße, starken Kaffee und dicke Zigarren. Zu trinken bekommst du Märzenbier aus der Schnaittacher Kanonenbrauerei und Frankenwein vom Würzburger Stein. Gegen Mitternacht serviere ich dir dann noch saure Zipfel.«

»Das halt' ich nicht aus«, rief Carmelita durch das Telefon, »ich kann mich nicht erinnern, jemals von einem Mann so herumkommandiert worden zu sein, und wenn du...«

»Die Einladung zu einem Festessen«, unterbrach ich sie, »bezeichnest du als herumkommandiert werden?«

»Vielleicht werde ich ja erst einmal ein bißchen gefragt, ob ich überhaupt Zeit habe, und...«

»Ich kann mir keinen Termin vorstellen«, fiel ich ihr ins Wort, »der wichtiger sein könnte als der mit mir, und wenn ich an deiner Stelle...«

»... und wenn du an meiner Stelle wärst«, und jetzt sprach Carmelita wie ein Maschinengewehr, »würdest du dich erst mal erkundigen, was das für eine seltsame Menüzusammenstellung ist, die mir da vorgesetzt wird, ich mag nämlich keine Knödel, auch auf Fürst-Pückler-Eis bin ich nicht scharf, ich rauche nicht, schon gar keine Zigarren, und blaue Zipfel kenne ich nicht, aber schon das Wort stößt mir sauer auf. Kannst du mir nicht verlorene Eier in Senfsauce und Selleriesalat servieren? Das ist mein Lieblingsgericht.«

»Schrecklich, diese Frauen von heute. Es genügt ihnen nicht mehr, daß sich der Mann im Haushalt zu schaffen macht, sie wollen ihm auch noch vorschreiben, was er darin zu tun hat. Und ungebildet sind sie obendrein, wissen nicht, daß es sich beim vorgeschlagenen Menü um das typische Hochzeitsmenü in Franken handelt. Aber wenn du dich nicht einmal beim Essen mit mir einigen kannst, dann sehe ich einer Hochzeit mit dir sowieso mit größter Skepsis entgegen.«

»Und wenn *du* unter Einigung die freudige Hinnahme deiner einsamen Beschlüsse verstehst, dann sehe ich einer Hochzeit mit dir nicht nur skeptisch, sondern überhaupt nicht entgegen. Und außerdem lehne ich es ab, dich in deiner Junggesellenbude aufzusuchen. Ich hasse Junggesellenbuden. Sie sind immer so geschmacklos eingerichtet, selten richtig aufgeräumt und meistens ein bißchen schmuddelig.«

»In wie vielen Junggesellenbuden hast du dich denn schon herumgetrieben?«

»Über die empirische Grundlage meiner Junggesellenbuden-Forschung kläre ich dich gerne während unseres Treffens in meiner geschmackvoll eingerichteten Vier-Zimmer-Altbauwohnung auf.«

»Da bin ich aber gespannt.«

»Also kommst du?«

»Wenn du darauf verzichtest, mir verlorene Eier aufzutischen.«

»Wenn du dafür keine blauen Zipfel erwartest. Was sind blaue Zipfel eigentlich?«

»Das sind Nürnberger Bratwürstel, die aber nicht gebraten, sondern in einen heißen Essigsud mit Zwiebeln, Wacholderbeeren und einigen Lorbeerblättern eingelegt werden. Wenn die Würstel fertig sind, nehmen sie eine blaue Färbung an, sehen unappetitlich aus und schmecken köstlich.«

»Na, das heben wir uns lieber für später auf.«

»Natürlich für später. Ich sagte ja schon: Man ißt sie um Mitternacht. Ich kann ja, wenn ich übermorgen zu dir komme, ein paar mitbringen, nur zum Probieren.«

»Nein, nein, laß mal, und übermorgen sowieso nicht. Ich hab' dir noch gar nicht gesagt, daß ich morgen für ein paar Tage nach Israel fliege, dienstlich. Nächste Woche bin ich wieder da. Würde dir der Mittwoch passen?«

»Du akzeptierst also weder den von mir vorgeschlagenen Treffpunkt noch den Zeitpunkt und nicht einmal das Menü. Nennst du das Einigung? Aber gut, wir Männer von heute sind flexibel, mit uns kann man reden.«

»Ach Christian, sturer Frankenschädel«, schnurrte Carmelita in mein Ohr, und ihre Stimme wurde plötzlich ganz weich, »mir genügt doch schon einer, mit dem man reden kann, vor allem wenn er so einen tiefen Brummbaß hat wie du. Also kommst du nun am Mittwoch?«

»Ich komme am Mittwoch«, brummte ich.

Und dann quatschten wir noch mindestens eine Stunde lang über die Hessen und Bayern, über Weinfranken und Bierfranken, über den Äppelwoi, den Journalismus, die SPD, den Hessischen Rundfunk, die Grünen, die Frankfurter Rundschau und über die Startbahn West.

Meine Angst vor dem Telefonieren war verflogen. Auch die Gespräche mit meinen fünf anderen Frauen verliefen so locker-fröhlich wie das mit Carmelita. Die intensive Briefschreiberei hatte offenbar schon ein gewisses Maß an Vertrautheit geschaffen, das es uns ermöglichte, unbefangen miteinander zu reden und zu frozzeln. Der Zauber des Anfangs hielt an. Sechs Frauen und ein Mann erwarteten einander in gespannter Neugier.

Kapitel 12

Aus den Terminabsprachen ergab sich, daß ich mich mit Julia als erste treffen sollte. Sie kam mit dem Zug aus Düsseldorf. Ich stand am Bahnsteig und hielt Ausschau nach einer Schwarzhaarigen mit rotem Lederköfferchen, roten Schühchen, blauen Jeans und roter Jacke. Sie ziehe sich extra so an, damit sie mir in der Menge gleich auffalle, hatte sie mir geschrieben.

Und da kam sie auch schon auf mich zu, lächelte mich an, ich lächelte zurück – und wußte: Das wird nichts.

Die Katastrophe war da.

Nicht, daß mich ihre Größe sehr verstört hätte – sie war mindestens einen halben Kopf größer als ich, damit habe ich keine Probleme – auch Julias ganze Erscheinung ließ nichts zu wünschen übrig, o nein, im Gegenteil, sie war eine Schönheit. Das hatte ich ja schon auf dem Automatenfoto gesehen. Aber jetzt sah ich, daß sie wirklich als Mannequin hätte arbeiten können, denn sie hatte auch die Figur dazu. Eben das war die Katastrophe.

Das wesentliche Merkmal eines Mannequins ist chronische Unterernährung. Ein unerforschliches Schicksal hat mich aber so gestrickt, daß ich ins pralle Leben greifen will, wenn ich eine Frau anfasse. Bei Julia würde ich ins Leere greifen. Darauf war ich nicht gefaßt, denn Bauernmädel sind selten ätherische Wesen.

»Hallo, Christian«, sagte sie und hielt mir ihre feingliedrige, zu einem mitleiderregend schwachen Ärmchen gehörende Hand hin, die ich kaum zu drücken wagte.

»Hallo, Julia«, hörte ich mich sagen, während ich ihr das rote Lederköfferchen abnahm und nur noch an eines dachte: Flucht.

Geht aber nicht, dachte es in mir, und ein Notaggregat in einer Ecke meines Gehirns hielt alle für solch eine Situation unerläßlichen Funktionen aufrecht und brachte mich dazu, Julia zu fragen, ob sie eine angenehme Reise gehabt habe.

Ja, ein ganzes Abteil habe sie für sich allein in Beschlag nehmen können, und während der gesamten Fahrt sei kein Schaffner gekommen, um die Tickets zu kontrollieren. Daher überlege sie, ob sie jetzt die Bahn ein bißchen bescheißen und sich das Geld für die einfache Fahrt erstatten lassen solle.

»Lohnt sich nicht«, ließ die Abteilung Automatische Konversation meine Sprechwerkzeuge formulieren, »da vertrödelt man viel Zeit in der Warteschlange und ärgert sich über die bürokratische Prozedur der Bahn«, während ich mich fragte: Soll ich ihr gleich sagen, daß es keinen Sinn hat, oder soll ich erst mal einen Kaffee mit ihr trinken?

Wenn ich es gleich sage, spare ich ihr und mir einen ziemlichen Krampf, aber verletze sie wahrscheinlich zutiefst. Sage ich es später, quäle ich mich sinnlos über die Runden, mühen wir uns vergeblich miteinander ab, und ich verletze sie genauso. Also sage ich es gleich und rundheraus: Es ist zwecklos, du bist zwar eine wunderschöne Frau, du hast eine Figur, von der alle Frauen und angeblich auch viele Männer nur träumen, aber leider bist du an einen geraten, dem das zu dünn ist.

Kann man nicht machen. Wenigstens den Kaffee solltest du mit ihr noch trinken. Und vielleicht läßt es sich ein wenig höflicher und taktvoller sagen.

Oder überhaupt nicht?

Die Sache mit Anstand irgendwie über die Bühne bringen und danach alles im Sande verlaufen lassen? Was ist jetzt mehr gefragt, Wahrheit oder Takt?

Natürlich beides. Aber wie ich das jetzt unter einen Hut kriege, das sehe ich noch nicht.

»Was bist du für ein seltsames Bauernmädchen«, sagte ich zu ihr, und sie fragte: »Wieso?«

»Bauernmädchen sind doch meistens etwas stämmiger als du.«

Sie nahm es als Kompliment und lachte geschmeichelt.

Wenn mir das Magazin der Frankfurter Allgemeinen jenen Fragebogen vorlegte, den Marcel Proust gleich zweimal ausgefüllt hat, würde ich bei der Frage nach dem größten Unglück antworten: die Leitartikler der FAZ und Twiggy. Aber genaugenommen ist es nicht einmal Twiggy. Das eigentliche Unglück, so dachte ich bei mir, während das klapperdürre Geschöpf fröhlich neben mir hertippelte, das eigentliche Unglück ist, daß diese Twiggies auf ihren Defekt auch noch stolz sind.

Sie finden es tatsächlich schön, heute eckig zu sein, wo sie früher rund waren, sie finden es wirklich toll, heute nur noch über zwei Brustwarzen zu verfügen, wo früher ein Busen wogte. Angeblich sollen auch ein paar Männer herumlaufen, denen so etwas gefällt.

Julia schien nichts von meinen Gedanken zu erraten, denn sie plauderte munter drauflos. Was sie alles sagte, während sie mit ihren Ziegenbeinchen durch den Bahnhof stöckelte, weiß ich nicht mehr, nur daß sich der Floskelvorrat meiner Abteilung Automatische Konversation beängstigend schnell erschöpfte und bereits bei »Ach ja«, »na sowas«, »hm hm« und »kaum zu glauben« angelangt war, als mir einfiel, ihr ein Kompliment zu ihrer Garderobe zu machen. Das war sogar ernst gemeint, obwohl ich mich heute an keine Einzelheit mehr erinnere.

Als ich sie zu meinem Auto führte und ihr Gepäck einlud, drängte sich die Frage auf: Wieso hat sie dieses Köfferchen dabei? Will sie bei mir übernachten? Am Telefon hatte sie doch kein Wort davon gesagt.

Ah, anscheinend kann sie doch Gedanken lesen, denn im selben Moment fragte sie mich nach der Eschersheimer Landstraße, da müsse sie heute abend hin, dort wohne ihre Freundin, und bei der könne sie übernachten. Wenigstens diese Sorge war ich los.

Dafür meldete sich die andere wieder zurück und begann sogleich, in meinem Kopf zu rumoren, während ich aus der Parklücke fuhr: Vielleicht ist es gar nicht nötig, die Sache anzusprechen. Vielleicht ergeben sich im Verlauf des Gesprächs ehrenwerte Hinderungsgründe. Vielleicht besteht sie auf einer kirchlichen Trauung, dann könnte ich ihr sagen, ich zahle zwar noch Kirchensteuer und werde auch bis an mein Lebensende in der Kirche bleiben, aber nur aus Dankbarkeit für das, was mir die Kirche in meiner Kindheit und Jugend Gutes getan hat, doch jetzt sei ich Agnostiker und als solcher möchte ich den Pfarrer nicht als Zeremonienmeister mißbrauchen.

Aber ich glaube, sie will gar nicht kirchlich heiraten. Hat sie nicht geschrieben, sie sei aus der Kirche ausgetreten? Verdammt, warum habe ich bloß ihren Brief nicht nochmals gelesen? Vielleicht weigert sie sich, überhaupt zu heiraten. Über den Trauschein haben wir nie gesprochen. Dann könnte man das als Grund nehmen. Oder vielleicht will sie keine Kinder, und ich kann sagen, ich will aber unbedingt. Oder sie will, und ich sage, ich will auf keinen Fall, wegen des Ozonlochs, der vergifteten Muttermilch, wegen Helmut Kohl oder wegen der Kinderfeindlichkeit in diesem Land.

Am saubersten wäre es wahrscheinlich doch, einfach zu sagen: »Hör zu, mit dem Sex ist es wie mit dem Geld. Es ist zwar nicht das Wichtigste, aber das Unwichtigste ist es auch nicht. Und bei dir käme ich damit in Schwierigkeiten.«

Aber was ist, wenn sie dann tief gekränkt ist? Nein, so direkt, so brutal kann ich das nicht bringen. Ich muß das Gespräch ganz langsam auf diesen Punkt hinführen und es dann weicher, höflicher, taktvoller aussprechen, vorsichtig umschreiben – aber wie soll ich das hinkriegen, wenn in meinem Kopf alle möglichen Abteilungen gleichzeitig arbeiten, ich ständig zuhören und reagieren muß und mich nicht konzentrieren kann?

Während der Fahrt brabbelte ich irgend etwas, ich weiß nicht mehr was. Sie antwortete etwas, und das habe ich auch vergessen.

Aus ist's mit dem Zauber, aus und vorbei, haderte ich in Gedanken weiter. Ich hätte auf einem Ganzfoto bestehen sollen, dann wäre das nicht passiert. Oder ich hätte einfach in die Anzeige ganz deutlich schreiben müssen: Sie darf mollig sein, aber nicht dürr.

Als schlank hat sie sich in ihrem Brief bezeichnet. Mein Gott, wenn sie das als schlank bezeichnet, was versteht sie dann unter dürr? Ein Mensch, der noch schlanker wäre als sie, läge bereits im Koma.

Sie wird mich für schrecklich oberflächlich und primitiv halten, wenn ich ihr sage, daß aus uns wegen so einer Äußerlichkeit nichts werden kann. Wie wird sie von mir enttäuscht sein, sie, die in drei langen Briefen meine klugen Gedanken gelobt und geschrieben hat, daß sie die Welt und die Menschen eigentlich ziemlich genauso sehe wie ich.

Jetzt sitzen wir uns im Restaurant gegenüber, sie vor einem Apollinaris, ich vor einem Pils. Anscheinend habe ich bis jetzt meine Rolle gut gespielt, denn sie ist noch immer munter und unbefangen und scheint mir überhaupt nichts anzumerken.

Sie ist mir sehr sympathisch, und das macht die Sache nur noch schlimmer. Einer blöden Kuh könnte man leicht sagen, daß sie blöd ist und obendrein noch viel zu dürr. Aber daß sie keine blöde Kuh ist, habe ich ja schon an ihren Briefen gemerkt, sonst hätte ich mich nicht mit ihr verabredet.

Wie lieb sie mich anguckt. Nein, ich werde nichts rauslassen. Ich kann dieser Frau nicht weh tun. Es täte mir auch leid, wenn sie ihre hohe Meinung von mir verlöre, und ganz bestimmt verliert sie diese, wenn ich ihr gestehe, aus welch läppischem Grund ich für uns keine Zukunft sehe. Nein, ich werde diesen Tag mit ihr einfach verbringen, wie man einen Tag mit einem netten, sympathischen Menschen verbringt, und ihr danach schreiben, es tue mir leid, der berühmte Funke sei zwar nicht übergesprungen, aber ich schätze sie sehr und wäre daher gern mit ihr befreundet.

Oder vielleicht verliebe ich mich ja doch in Petra und sie sich in mich, dann könnte ich Julia schreiben: Du bist zwar die Schönste im ganzen Land, aber Petra bei den Franzosen...

Kapitel 12.1

Schluß jetzt, rief ich mich zur Ordnung, du machst jetzt aus dieser Angelegenheit das Beste, was sich machen läßt, bist ein reizender Gastgeber und konzentrierst dich auf deinen Gast. Wir kamen gerade auf das Thema Sprache und Herrschaft zu sprechen, weil ich schon eine ganze Weile zahlen wollte, die Kellnerin einfach nicht zu uns herüberschaute und ich nicht wußte, wie ich sie rufen solle.

»Einen Kellner kann man mit ›Herr Ober‹ rufen, aber eine Kellnerin nicht mit ›Frau Oberin‹«, klagte ich unter Julias amüsiertem Blick. »Manche schreien ›Bedienung‹, aber das ist natürlich das Letzte, und ›Frollein‹ finde ich auch unmöglich, besonders, wenn die Kellnerin so alt ist wie die, bei der ich seit zehn Minuten zu zahlen versuche.«

»Ich wußte gar nicht, daß du so ein sensibles Sprachempfinden hast«, bemerkte Julia.

»Na erlaube mal, ich bin ein Journalist.«

»Eben«, antwortete Julia trocken, »für einen Journalisten unterschlägst du ziemlich rigide die eine Hälfte der Menschheit. In deinen Briefen schriebst du selbst dann hartnäckig von ›dem Leser‹, wenn eindeutig ›die Leserin‹ gemeint war.«

»O Gott«, stöhnte ich, »jetzt kommt diese Kiste. Die weibliche Erregung über die zwei fehlenden Buchstaben scheint ja eine richtige Modekrankheit zu sein. Mindestens drei Dutzend deiner Rivalinnen haben sich deshalb bei mir über mich beschwert. Habt ihr keine anderen Sorgen?«

»Sieh einer an, du beherrschst ja die weibliche Form, sagst tatsächlich ›Rivalinnen‹ und nicht ›Rivalen‹, wenn du Rivalinnen meinst, ein Wort übrigens, das ich etwas kurios finde in dem Zusammenhang, in dem du es gebrauchst, aber lassen wir das. Du gestehst doch den Frauen eine angemessene Repräsentanz in der patriarchalisch verseuchten Öffentlichkeit zu, warum dann nicht auch in der ebenfalls verseuchten Sprache?«

»Weil das eine durch die weibliche Präsenz schöner und das andere häßlicher wird. Ministerinnen, Managerinnen, Regierungsrätinnen, Stümperinnen, Deppinnen, Lackäffinnen in Politik, Wirtschaft und Verwaltung – wunderbar, diese Bereiche kann man gar nicht genug entseuchen. Aber schreiben und reden werde ich künftig trotzdem weiterhin nur von Ministern und Stümpern, weil ich mir von ein paar verrückt gewordenen Krampfhennen meine Sprache nicht verhunzen lasse.«

»Warum bist du denn so aggressiv?«

»Vielleicht, weil ich von Natur aus faul bin. Schon der Gedanke, künftig Minister und Ministerinnen, Bürger- und Bürgerinnenmeister und -meisterin schreiben zu müssen, regt mich dermaßen auf, daß in mir die blanke Mordlust erwacht. Wenn sich dieser Unfug durchsetzt, kündige ich meine Festanstellung und arbeite als freier Journalist, denn dann bekomme ich Zeilenhonorar, und das wird sich mit Hilfe eurer Unsitte glatt verdoppeln.«

»Faulheit und Mordlust sind kein Argument«, konterte Julia gelassen.

»Na und, ihr Emanzen meckert doch immer über uns rationalistische Gefühlskrüppel. Jetzt ist ein Mann mal emotional, und nun ist es auch wieder falsch.«

»Es ist bemerkenswert, bei welchen Angelegenheiten ihr Rationalisten zu emotionaler Höchstform auflauft«, bemerkte Julia ziemlich cool.

»Nun sag doch mal im Ernst: Was ist gewonnen, wenn ich mit der doppelten Zahl von Wörtern dieselbe Menge an Information mitteile wie mit der einfachen Menge?«

»Normalerweise nichts, aber in unserem speziellen Fall wird ein bißchen mehr Gerechtigkeit gewonnen.«

»Und für diesen kleinen Vorteil nimmst du die Blähung der Sprache in Kauf? Wenn die Verschlimmerung der Sprache wenigstens die Wirklichkeit verbessern würde, dann ließe ich ja mit mir reden.«

So stritten wir noch eine gute Stunde fröhlich weiter und kamen dabei auf Ernst Albrechts Atommüll-Deponie, die er Entsorgungspark nennt, auf Polizisten und Soldaten, die der Nachrichtensprecher als Sicherheitskräfte bezeichnet, auf den Völkermord, den nicht die Deutschen, sondern Nichtdeutsche oder Undeutsche »im deutschen Namen« begangen haben, kurz: auf die Verschönerung des Häßlichen durch Verkleidung mit dem schönen Wort. Und da waren wir uns plötzlich wieder einig.

Die nächste Stunde verlief genauso kurzweilig. Wir schlenderten von der Alten Oper durch die Zeil zum Römer, und Julia versuchte mir während der ganzen Zeit klarzumachen, daß das eine, die Sprachkosmetik der Politiker, mit dem anderen, der Austreibung der Männerherrschaft aus der Sprache, nichts zu tun hat. Ich erwies mich als wenig gelehrig.

Kapitel 12.2

Ich hatte nicht geplant, wie ich den Tag mit Julia verbringen wollte. Am Telefon verabredeten wir nur, uns am Bahnhof zu treffen und alles Weitere spontan zu entscheiden. Im Café entschieden wir uns für den Bummel durch die Stadt zum Römer. Am Römer wünschte Julia mit mir zum Mainufer hinunter zu spazieren, also führte ich sie zur Mainpromenade. Sie hatte sich bei mir eingehängt, und ich beobachtete zufrieden, wie mich die Männer mit neidischen Augen verstohlen betrachteten.

Meine schlechte Laune war längst verflogen, denn erstens konnte ich mich mit Julia wunderbar unterhalten und streiten, zweitens hatte ich beschlossen, über ihre Mannequinfigur kein Wort zu verlieren und am Ende alles offenzulassen, und drittens war ich höchst zufrieden, eine schöne, kluge Frau kennengelernt zu haben, die sich offensichtlich auch über meine Bekanntschaft freute. Und über allem schien fröhlich und warm die Frühlingssonne.

Wir waren so ins Gespräch vertieft, und mir fiel noch so viel ein, worüber ich mit ihr reden wollte, daß ich uns die nächsten beiden Stunden den Main hinauf- und hinunterpromenieren sah. Danach würden wir uns entweder voneinander verabschieden oder in ein Restaurant gehen und auch noch den Abend miteinander verbringen und wahrscheinlich über den Unsinn des Lebens diskutieren.

Aber was geschieht anschließend? Was mache ich, wenn sie auch noch eine gemeinsame Nacht erwartet?

Glaube ich nicht, versuchte ich mich zu beruhigen, sie ist nicht der Typ dazu, und der Beruhigungsversuch gelang. Dafür sah ich dem in wenigen Stunden bevorstehenden Abschied mit einem gewissen Bangen entgegen, denn mir war völlig unklar, was ich ihr zum Abschied sagen sollte. Auch, was *sie* mir wohl sagen würde, konnte ich mir im Traum nicht vorstellen.

Am schönsten wäre es gewesen, wenn ich abends nach dem Essen im Restaurant ihre Hand in die meine nehmen und ihr mit einem tiefen Blick in die Augen hätte sagen können: »Du, ich blase meine Treffen mit den anderen Frauen ab, denn mir ist klargeworden, ich will dich, und sonst keine. Und ich habe das Gefühl, daß du darüber froh bist.«

Da es aber dazu nicht kommen wird, läuft es wohl darauf hinaus, daß wir einander versichern, das sei ein schöner Tag gewesen, Endgültiges lasse sich nach so kurzer Zeit natürlich noch nicht beschließen, aber man werde auf jeden Fall in Kontakt bleiben. Und Julia wird sich vermutlich noch eine spitze Bemerkung über meine künftigen Treffen mit den anderen Frauen und über diesen Ausscheidungswettbewerb nach dem K.-o.-System einfallen lassen.

Vielleicht hätte ich doch zuerst Petra in Paris besuchen sollen. Dann wäre es vielleicht Liebe auf den ersten Blick geworden, und ich hätte mir und den anderen die Peinlichkeit dieser Auslese erspart. Aber in diesem Moment wurde mir klar, warum ich mich gefühlsmäßig für die umgekehrte Reihenfolge entschieden hatte.

Petra war zwar die Frau, bei der ich von Anfang dachte, auf sie werde meine Entscheidung zulaufen, aber erstens war ich mir nicht hundertprozentig sicher, zweitens wußte ich nicht, ob ich mir einen Korb holen würde, und drittens wollte ich mir für den Fall, daß es mit Petra so läuft, wie ich es erhoffte, die Möglichkeit erhalten, ihr zu sagen: Nachdem ich mich nun mit fünf sehr interessanten und reizvollen Frauen getroffen habe, kann ich zu dir aus vollem Herzen sagen: Du sollst die First Lady meines Lebens sein. Das gäbe nicht nur mir Sicherheit, sondern auch ihr das Gefühl, die Siegerin zu sein.

Ich hatte keine Zeit mehr, diese Gedanken weiterzuverfolgen, denn mitten auf dem Eisernen Steg fragte Julia, nachdem wir zuvor über Maggie Thatchers Falklandabenteuer, weibliche Politikerinnen und Reagonomics gesprochen hatten: »Warum willst du eigentlich heiraten?«

»Aber das habe ich dir doch schon geschrieben«, antwortete ich, »ein bißchen aus Konvention, um Eltern, Verwandte, Arbeitgeber und Politiker zu beruhigen, ein bißchen aus Opposition gegen die Konvention meiner Generation, einfach unverheiratet zusammenzuleben, ein bißchen, weil ich mir Kinder wünsche. Ich vertrete die spießige Meinung, daß es für sie besser ist, wenn sie in sogenannten geordneten Verhältnissen aufwachsen und rechtlich abgesichert sind, falls es mit der Ehe der Eltern schiefgehen sollte.«

Auch fände ich in Ordnung, fuhr ich fort, daß die Ehepartner einklagbare Rechte und Pflichten haben, denn man ändert immerhin sein Leben wegen des anderen und verzichtet auf die Freiheiten des Singles, und schließlich entspreche es meiner Vorstellung vom Menschsein, die großen, seltenen und schwerwiegenden Entscheidungen und Ereignisse des Lebens durch einen festlichen Akt öffentlich zu besiegeln. Vor allem aber erscheine es mir grandios, in der heutigen Zeit zu einem Menschen zu sagen: Nur ein Abschnitt mit dir genügt mir nicht, das ganze Leben soll es sein.

»Klingt alles sehr konservativ«, räumte ich ein, »ist mir aber Wurscht, solange mich die alternativen Modelle nicht überzeugen. Die WG hat sich nicht als wirkliche Alternative, sondern allenfalls als nützliches Durchgangsstadium erwiesen.«

»Und außerdem«, so beendete ich meinen Monolog, »haben Wissenschaftler in Amerika nachgewiesen, daß Heiraten gesund ist. Verheiratete sind seltener krank und leben länger.«

»Das kommt von den Pheromonen«, sagte Julia.

»Hä?«

»Pheromone sind Sexualduftstoffe, die der Mensch nicht riecht, die aber wirken«, erklärte Julia. »Sie sind vor allem im Achselschweiß, aber auch im Urin enthalten. Man hat in Arztpraxen einige Wartezimmer-Stühle mit männlichen Pheromonen imprägniert und beobachtet, daß sich Frauen bevorzugt darauf niederließen. Männer, denen man Frauenfotos zeigte mit der Bitte, die Fotos der ihnen am sympathischsten erscheinenden Damen auszusortieren, griffen durchweg nach jenen Fotos, die zuvor mit Pheromonen imprägniert worden waren.«

Damit sei Ludwig Thoma durch die Wissenschaft nachträglich bestätigt worden, dozierte Julia weiter. Von Thoma werde berichtet, daß er sich, wenn er zu einem Rendezvous ging, kurz vorher ein Taschentuch unter die Achsel rieb und es dann in die Brusttasche steckte.

Ich staunte und staunte noch mehr, als Julia dann auch noch erzählte, Wissenschaftler hätten männliche Pheromone in Alkohol gelöst und mit dieser Lösung die Lippen von sexuell enthaltsam lebenden Frauen mit ausgeprägt unregelmäßigem Menstruationszyklus bepinselt. »Und was soll ich dir sagen«, lachte Julia, »der Zyklus normalisierte sich und pendelte sich bei 29,5 Tagen ein.«

»Es ist also alles Chemie«, sagte ich, »Gene bestimmen unser Aussehen und unsere Intelligenz, Hormone unser Geschlecht und unsere Stimmung. Ein Chromosom zu wenig oder ein Enzym zuviel bedeutet unheilbare Krankheit, Phenyläthylamin erweckt die Liebe, und von Pheromonen hängt ab, ob man einander riechen kann oder nicht und ob es mit der Menstruation klappt. Bedenkt man, daß chemische Verbindungen aus Atomen bestehen und Atome sich nur durch die Zahl ihrer Protonen unterscheiden, dann sind Gesundheit und Krankheit, Charakter, Begabung, Zuneigung und Abneigung eine Frage der richtigen oder falschen Zahlenverhältnisse. Wahlverwandtschaften beruhen auf Zahlverwandtschaften, und die Pythagoräer haben recht.«

»Das ist mir zu hoch«, spöttelte Julia, »bleiben wir bei den Tatsachen. Die sind viel spannender als philosophische Spekulationen.« Die Geschichte gehe nämlich noch weiter. »Nachdem die Wissenschaftler den Pheromonen einmal auf der Spur waren, haben sie noch andere Frauenleiden damit behandelt – Sterilität, Menopausenprobleme, Menstruationsbeschwerden, Migräne –, und alles, alles wurde besser. Und am Ende haben sie noch festgestellt, daß regelmäßiger Geschlechtsverkehr sich signifikant positiv auf die weibliche Gesundheit auswirkt.«

»Womit nach Ludwig Thoma und Pythagoras auch noch der große Sohn dieser Stadt seine wissenschaftliche Bestätigung erhält«, prahlte und stänkerte ich mit meiner Halbbildung, »hat er doch seinen Faust sagen lassen: Es ist der Weiber ewig Weh und Ach so tausendfach aus einem Punkte zu kurieren.«

»Das mußte ja kommen«, seufzte Julia.

»Wer hat denn damit angefangen?«

»Bitte keine billige Retourkutsche, erzähl mir lieber von deinen Erfahrungen mit WGs. Woran lag es denn, daß die Chemie plötzlich nicht mehr stimmte?«

»Also aus meiner ersten WG zog ich aus, als ich eines Tages einen meiner WG-Genossen dabei ertappte, wie er nachts ins Waschbecken pinkelte und fröhlich erzählte, das habe er schon die ganze Zeit so gemacht. Über meinen konsternierten Gesichtsausdruck hat er sich prächtig amüsiert. Daß mir seine Pheromone in unserem Waschbecken stanken, nahm er als Beweis, es mit einem entsetzlich verklemmten Spießer zu tun zu haben.«

Julia lachte sich halbtot.

»Warum amüsiert dich das so, hältst du mich etwa auch für einen Spießer?« fragte ich Julia etwas verunsichert.

»Nein, nein«, antwortete sie, »sag ich dir gleich, aber erzähle erst mal weiter. War das wirklich der einzige Grund für deinen Auszug?«

»Sagen wir, es war der Tropfen, der das Faß zum Überlaufen brachte. Zuvor schon hatte ich mich daran gestört, daß in meiner Umgebung jeder rülpste und furzte, wie es ihm gefiel, die Tischsitten mißfielen mir, und meine Vorstellung von Sauberkeit und Ordnung, die gewiß nicht mit der einer echten deutschen Hausfrau konkurrieren kann, wich deutlich von den Vorstellungen der anderen ab.

Im Grunde war es grotesk. Ich, der einzige ungehobelte Bauernbub in der Männer-WG, der am Wochenende nach Hause fuhr, sich auf einen dampfenden Misthaufen stellte, mit der Gabel diesen Mist auflud und auf den Acker brachte, beklagte mich über die Manieren meiner Mitbewohner, die allesamt aus bürgerlichen Häusern kamen und eine erstklassige Erziehung genossen hatten – der Beckenpisser war der Sohn eines Vorstandsmitglieds eines großen Chemieunternehmens. Dabei war ich bäuerliche Derbheiten von klein auf gewohnt.«

»Aber eben darin bestand deine Tragödie«, interpretierte Julia. »Du wolltest diesen Derbheiten endlich entkommen und sahst dich ihnen plötzlich wieder ausgeliefert. Es war dein Pech, an eine Horde von Bürgersöhnchen geraten zu sein, die ihre anale Phase nachholen mußten.«

»Was sind Frau Doktor doch für eine kluge Psychologin«, sagte ich und führte Julias Erklärung zu Ende: »Ich habe mir als Kind mit anderen Kindern Schlammschlachten geliefert. Wir bewarfen uns mit Hühnerdreck und suhlten uns in Fischweihern. Das haben meine Mitbewohner als Kinder nicht gedurft, und das mußte ich dann ausbaden. Aber jetzt erzähl doch endlich von deinen WG-Erfahrungen«, bedrängte ich Julia.

»Sag mir erst noch, warum auch deine zweite WG ein Fehlschlag war.«

»Das ist schnell erzählt. Mir wurde der Sozialismus zu teuer. Ich hatte als einziger in der WG ein Auto. Mit dem erledigten wir unsere Einkäufe. Mit dem transportierten wir unsere Jaffa- und Sperrmüllmöbel. Mit dem fuhren alle. Aber nur einer bezahlte, und das war ich. Anfangs war ich noch ein Idealist und zahlte gern. Aber als ich dann zum zweiten Mal die Semesterferien mit Malochen verbrachte, während die anderen auf Kreta weilten und sich die Reparaturen des Autos häuften, verlangte ich Kostenbeteiligung, Kilometergeld. Und von da an war ich der Spucknapf der WG.«

»Die üblichen Geschichten also«, sagte Julia. »So ähnlich habe ich das auch erfahren, Streit ums Geld, Streit um die Ordnung, Beziehungsknatsch und das hartnäckige Bestehen auf der Freiheit, seine Eigenheiten rücksichtslos auszuleben.«

»Oha«, sagte ich, »das hast du aber sehr vornehm ausgedrückt. Verstehe ich den letzten Punkt deiner Analyse richtig, wenn ich annehme, daß ihr in eurer WG auch einen Beckenschiffer unter euch hattet? Oder gar eine Schifferin?«

»In diesem Punkt sind wir zivilisierter als ihr«, stichelte Julia.

»Also einen Pisser«, folgerte ich.

»Aber nicht ins Becken«, sagte Julia widerstrebend.

»Sondern?«

»In die Geranien, die ich zum Überwintern in den Flur gestellt hatte.«

Jetzt war ich es, der sich halbtot lachte.

Kapitel 12.3

Es war Abend geworden. Wir gingen nach Sachsenhausen und suchten uns ein Restaurant fürs Abendessen. Wir waren inzwischen bei Kindheitserinnerungen angelangt, und Julia erzählte, sie habe die Erfahrung gemacht, daß man ein zäh sich dahinschleppendes Partygeplauder über Bücher, Kinofilme oder Theaterstücke im Nu beleben könne, wenn man die Leute frage, welche Sendungen sie als Kind im Fernsehen gesehen haben. »Alle aus unserer Generation haben Fury gesehen, alle haben Lassie gesehen und alle Ivanhoe. Alle reden plötzlich begeistert mit.«

Wahrscheinlich brachte Julia das zur Sprache, weil auch unser Gespräch etwas zäher verlief. Und ihre Beobachtung mit dem Fernsehen setzte tatsächlich das Gespräch zwischen ihr und mir wieder in Gang. Aber nicht lange. Nach dem Dessert wurde Julia immer stiller. Sie erschien mir traurig. Ahnt sie, was Sache ist?

Plötzlich nahm sie meine Hand, schaute mir tief und ernst über das Rotweinglas hinweg in die Augen und sagte: »Christian, es war ein wunderschöner Tag mit dir, ich habe mich selten mit einem Mann so gut unterhalten. Aber bevor wir uns gleich verabschieden, möchte ich Klarheit.«

O weh, dachte ich, die Stunde der Wahrheit. Jetzt will sie es wissen. Alles offenlassen, wie ich mir das vorgestellt hatte, geht jetzt nicht mehr. Und sie hat ja auch recht. Nach so einem Tag darf jeder eine ehrliche Antwort beanspruchen.

Ich hatte schon tief durchgeatmet, um weit auszuholen und etwas zu sagen, ohne schon recht zu wissen, was ich sagen sollte, da redete sie bereits weiter: »Als ich deine Anzeige las, sagte ich mir: kommt aus einem ganz bestimmten Grund nicht in Frage. Aber dein Text gefiel mir so gut, daß ich dir trotzdem schrieb. Dann kam dein Brief und machte mich wahnsinnig neugierig auf dich. Die weiteren Briefe, die wir uns schrieben, erweckten in mir schon fast so etwas wie eine Verliebtheit.

Und heute nun, nach diesem Tag, weiß ich auch, daß deine Pheromone auf mich wirken, daß die Chemie stimmt. Alles stimmt. Bis auf eine Kleinigkeit.«

Jetzt machte Julia eine kleine Pause, und ich wußte nicht, ob ich etwas sagen oder darauf warten sollte, daß sie weitermacht. Ich schaute sie fragend und ahnungslos an.

»Ich weiß nicht, wie ich es dir sagen soll, ohne dich zu verletzen«, fuhr sie fort, »den ganzen Tag über fürchtete ich mich schon vor diesem Augenblick, aber es hat ja keinen Zweck, es dir zu verheimlichen, also, du wirst mich für schrecklich oberflächlich halten, aber ich kann nichts dagegen tun, also, um es endlich auszusprechen: Die Chemie stimmt, aber nicht die Geometrie.«

Beim letzten Wort zuckte ich zusammen. Ich hatte mich auf das Treffen mit der Frisch-Verehrerin Julia vorbereitet, indem ich Frischs Romane noch einmal las. Alles hatte ich gelesen, den Stiller und den Homo Faber, den Gantenbein und den Öderland, die Tagebücher, Andorra, Biedermann und die Brandstifter, und jetzt fiel mir siedendheiß ein, was ich vergaß zu lesen: »Don Juan oder die Liebe zur Geometrie.« Schlimmer noch: Ich hatte diese Komödie überhaupt noch nie gelesen, hatte keine Ahnung, worum es ging. Bestimmt hat Julias Bemerkung etwas mit Frischs Liebe zur Geometrie zu tun.

Ich muß in diesem Augenblick seltsam blöde ausgesehen haben. »Kannst du dich ein bißchen deutlicher ausdrücken«, sagte ich verunsichert.

»Christian, versteh doch«, antwortete sie, drückte meine Hand, und ihre Augen nahmen einen tragischen Blick an. »Ich bin einen halben Kopf größer als du, und mit Stöckelschuhen einen ganzen.«

»Ach«, sagte ich, während ich mich in Wechselbäder der Gefühle getaucht sah. Als erstes fiel mir ein Stein vom Herzen. Dann bekam ich wohl einen roten Kopf, war ganz verdattert, stotterte und stammelte aus ehrlicher Brust: »Damit habe ich nicht gerechnet.«

Damit hatte ich wirklich nicht gerechnet. Schließlich lagen mir weibliche Heerscharen zu Füßen. Das Wort »Korb« war bereits aus meinem Wortschatz gestrichen, und da gibt mir diese Julia einfach einen. Sollte ich mich darüber nun ärgern? Kratzt das an meinem Selbstbewußtsein?

»Würde es dich nicht stören, mit einer größeren Frau verheiratet zu sein?« fragte Julia.

»Nein«, antwortete ich, »jedenfalls nicht, wenn sich's nur um ein paar Zentimeter handelt, schließlich bin ich kein Wicht.«

»Da bist du souveräner als ich«, sagte Julia, »ich weiß, wie blöd das ist. Wir schwätzen dauernd von Emanzipation und Gleichheit von Mann und Frau, und dann sind wir noch immer so primitiv, daß wir unbedingt einen brauchen, zu dem wir aufschauen können, und wenn's nur körperlich ist.«

Ob ich jetzt beleidigt sei, fragte Julia, und ich verneinte. Ob ich es denn verstehen könne?

Daß Äußerlichkeiten eine so große Rolle spielen können, vielleicht sogar die entscheidenden? Doch, ja, das könne ich verstehen, antwortete ich gedehnt.

»Das klingt aber nicht sehr überzeugend«, zweifelte Julia.

»Nein, nein, es ist schon so, wie ich sagte«, wehrte ich ab, »allerdings gebe ich zu, daß mich *diese* Äußerlichkeit, die zu geringe Körpergröße als Hinderungsgrund, doch ein wenig überrascht hat. Ich kenne schließlich eine Reihe eindrucksvoller Wichtelmänner – ich nenne nur Johannes Gross, Napoleon und Helmut Schmidt –, deren Persönlichkeit alle Riesen so sehr überragt, daß ich mir keine Frau vorstellen kann, die bei solchen Männern nur wegen deren Kürze nein sagen würde.«

»Also doch gekränkt«, konstatierte Julia.

»Nein, gar nicht«, sagte ich, »nur intellektuell habe ich Schwierigkeiten damit. Hättest du gesagt, ich sei dir zu dick, das hätte ich sofort verstanden. Aber zu klein, das kommt mir so archaisch vor, das stammt noch aus der Zeit, als das Menschenweibchen hilflos und schwanger in der Höhle lag und draußen der Säbelzahntiger witternd vorbeischlich. Da war das Weibchen freilich froh, wenn es einen Hünen in seiner Nähe wußte. Aber heute, nach 20000 Jahren, müßte sich doch unter euch Frauen herumgesprochen haben, daß der Säbelzahntiger ausgestorben ist.«

»Das ist ein schönes Bild«, sagte Julia.

»Hat sich leider nicht durchgesetzt«, sagte ich, »aber noch bedauerlicher ist, daß es nicht von mir, sondern von dem mir geistesverwandten Bauernbuben und Kabarettisten Otfried Fischer ist, übrigens auch ein Dicker, und groß dazu.«

»Ich habe dich also nicht verletzt? Du bist mir nicht böse?« Julias Augen wurden immer tragischer. Fast hatte ich schon selber Mitleid mit mir.

»Nein, wirklich nicht«, bekräftigte ich. »Ich finde deine Ehrlichkeit ganz großartig.«

Ich hatte mich schon von dem Schock erholt, als es mich drängte, Julia von ihrem Mitleid und ihrer Traurigkeit zu befreien und mit den Eindrücken herauszurücken, die mich überfallen hatten, als ich sie vom Bahnhof abholte. Aber dann blitzte in mir der Gedanke auf, Julia könne das als billige Retourkutsche mißverstehen und werde denken, um den Korb zu verkraften und das Gesicht zu wahren, müsse ich ihr jetzt auftischen, daß auch mich gewisse Äußerlichkeiten an ihr stören.

So schwieg ich lieber, brachte sie still vergnügt zu ihrer Freundin, umarmte sie und versprach, ihr zu schreiben, sobald sich bei mir etwas entschieden hat.

Ich fuhr nach Hause und bereitete mich in den darauffolgenden Tagen aufs nächste Wochenende vor. Angela hatte sich angemeldet.

Kapitel 13

Mit der komplizierten Pfarrerstochter Angela verbrachte ich ein zweitägiges Diskussionsmarathon, unterbrochen nur von Zärtlichkeiten und weitergehenden Unternehmungen. O ja, wir mochten uns und merkten ziemlich schnell, daß aus uns dennoch nichts werden könne, denn uns trennten Welten.

Kaum war Angela eine Stunde da, stellte sie schon die Sinnfrage. Angefangen hatte sie wieder mit ihrem Gemecker an meiner Anzeige, die sie nicht »stringent« fand und nur »gewollt witzig«.

»Also gut«, sagte ich, »wenn du es wirklich wissen willst – das, was ich in meiner Anzeige anklingen ließ, Heiraten als radikalste Konsequenz aus der Einsicht in die Absurdität des Daseins, das habe ich ernster gemeint, als es vielleicht geklungen hat. Das war weniger als Witz und mehr als versteckter Hinweis darauf gedacht, daß die Leserinnen es mit einem Zeitgenossen zu tun haben, der sich von dieser Welt nicht mehr allzuviel erhofft, aber dennoch möglichst gut durchs Leben kommen will, dazu eine Frau braucht und vielleicht eine Familie. Zufriedener jetzt?«

»Ein bißchen«, sagte Angela skeptisch.

»Den Engländer, der sich erhängte, weil es ihm absurd erschien, sich jeden Tag an- und abends wieder auszuziehen, den gab es übrigens wirklich«, erzählte ich weiter. »Nur der Name Patrick Moore ist erfunden, weil ich vergaß, wie er hieß. Aber seine Geschichte habe ich vor vielen Jahren als kleine Meldung in einer Zeitung gelesen, und das muß damals mehr Eindruck auf mich gemacht haben, als es mir bewußt war, sonst hätte ich es mir nicht gemerkt.«

»Was hast du denn für Gründe für deine Überzeugung, die Welt sei absurd, es bestehe keinerlei Aussicht auf Besserung, und das Leben sei eigentlich sinnlos? Am täglichen An- und Ausziehen kann es doch wohl nicht allein liegen. Und wie sähe denn ein sinnvolles Leben für dich aus?«

»Sinnvoll erschien mir das Leben als Kind, als ich noch glaubte, daß da oben im Himmel wirklich jener Gott sitzt, der angeblich jeden einzelnen Erdenwurm persönlich kennt, auch mich; ein Gott, der gewollt hat, daß ich geboren werde und lebe, der sich persönlich um mein Schicksal kümmert und der einmal gesagt haben soll: Die Haare auf deinem Kopf sind gezählt.

Sinnvoll erschien mir das Leben, weil der Tod nichts Schreckliches für mich war, denn ich glaubte, daß ich meinen verstorbenen Großvater, den toten Kater Pascha und all die Kälber und Schweine, die der Metzger regelmäßig bei uns zum Schlachten abholte, im Himmel wiedersehen werde, und weil ich glaubte, daß auf der Erde erlittenes Unrecht spätestens im Himmel wiedergutgemacht werde.

Als Kind habe ich sehr viel Kraft aus diesen Geschichten gezogen. Ich sehe in ihnen, neben zwei liebenden Eltern, eine der Hauptursachen für eine angstfreie Kindheit, für mein Ur- und Selbstvertrauen, das ich auch jetzt noch habe. Darum würde ich diese Geschichte auch meinen geplanten Töchtern wieder erzählen.

Aber dann wurde ich erwachsen und mußte mich an den Gedanken gewöhnen, daß unsere große weite Welt nichts weiter ist als ein Stäubchen im scheinbar unendlichen Weltall und daß ich wahrscheinlich nichts weiter bin als ein Produkt aus Zufall und Notwendigkeit, dem das Universum kalt und gleichgültig gegenübersteht und dessen Existenz oder Nichtexistenz eine völlig belanglose Angelegenheit ist.

Wenn aber alles sinnlos ist, hast du nur zwei Möglichkeiten: Du bringst dich um, oder du lebst weiter und versuchst, das Beste daraus zu machen und dich deines Lebens zu erfreuen.«

»Und diese Lebensfreude erhoffst du dir von der Ehe?« fragte Angela zweifelnd.

»Nicht nur«, antwortete ich, »da gibt es auch noch den Beruf. Wenn man den und den Ehepartner richtig gewählt hat und es versteht, Berufs- und Privatleben geschickt zu kombinieren, dann bestehen gute Aussichten auf ein einigermaßen zufriedenstellendes Leben. Neunzig Prozent des privaten menschlichen Unglücks lassen sich darauf zurückführen, daß der Beruf oder

der Ehepartner oder beides falsch gewählt wurde. Von den restlichen zehn Prozent gehen neun auf das Konto einer mißglückten Kombination aus Berufs- und Privatleben. Und da hast du den Grund, warum ich mir mit meiner Anzeige und dem Rundbrief und allem Drum und Dran so viel Mühe gegeben habe und warum ich dabei so planmäßig, überlegt und fast nüchtern-rational vorgegangen bin, wie du in einem deiner Briefe erstaunt bemerkt hast. Die Partnerwahl erscheint mir als eine zu ernste Angelegenheit, um sie dem blinden Zufall zu überlassen.«

»Aber wenn du meinst, die Welt sei absurd, dann bleibt sie es doch auch, wenn du heiratest und Kinder in die Welt setzt«, wandte Angela ein.

»Kann schon sein«, antwortete ich. »An der Sinnlosigkeit des Ganzen kann ich nichts ändern, aber meinem kleinen Leben kann ich vielleicht einen Sinn geben.«

»Im Falschen kann es nichts Richtiges geben«, widersprach sie. »Wenn das Ganze sinnlos ist, kann man darin keine Inseln des Sinnvollen errichten.«

»Das ist Philosophie, das ist Logik«, erwiderte ich. »Das Leben kümmert sich nicht um Philosophie, das Leben schert sich nicht um Logik. Und um eines deiner Lieblingswörter zu gebrauchen: Das Leben ist nicht stringent. Ich gebe allerdings zu, daß es einem als einzelnem schier unmöglich ist, in einem Meer des Absurden für sich so etwas wie eine Insel der Glückseligkeit zu errichten. Das mag für ganz kurze Zeit gelingen, aber dann kommt ein Brecher und spült alles wieder weg.«

»Und mit einer Braut an der Hand meinst du, den Brechern standzuhalten«, spöttelte Angela.

»Zwei sind natürlich auch zu wenig«, gab ich zu, »aber schon mal hundert Prozent mehr. Zwei Kinder dazu bringen weitere hundert Prozent, und vor allem ist man nun eine Weile beschäftigt. Der Sinn besteht jetzt darin, an seine Kinder weiterzugeben, was man gelernt hat und geworden ist. Der Zwang, dich mit deinem Kind auseinanderzusetzen und für es zu sorgen, verscheucht die Gedanken an die absurde Welt.

Hinzu kommt aber: Plötzlich ist dir die Welt auch nicht mehr so egal. Wegen mir kann das Wasser im Main zu 50 Prozent aus

Schwefelsäure, Cadmium und Dioxin bestehen und die halbe Republik für den Verkehr zubetoniert werden, wo steht geschrieben, daß im Main Fische schwimmen und Kröten sicher über die Straße kommen müssen? Aber wenn du dich plötzlich fragst, ob du deinen Säugling noch zur Brust nehmen kannst, ohne fürchten zu müssen, ihn damit zu vergiften, interessiert dich auf einmal, wie es den Fischen im Rhein, Main und in der Donau geht, und du fängst an, Tunnels für die Krötenwanderung zu bauen. Und dieses Interesse teilst du mit zahlreichen anderen Vätern und Müttern. Mit denen zusammen lassen sich vielleicht doch Inseln errichten.

Wenn sich kein lieber Gott um dein Schicksal kümmert, müssen sich eben die Menschen umeinander kümmern. Wenn keine Hoffnung auf ausgleichende Gerechtigkeit im Jenseits besteht, mußt du eben im Diesseits dafür sorgen. Das geht nur zusammen mit den anderen, aber das gibt deinem Leben wieder eine Richtung, und das ist so etwas wie ein Sinn, kein absoluter, aber ein relativer. Und der reicht. Man wird genügsam mit dem Alter.«

Bis hierher war Angela bereit, mir noch zu folgen. Aber dann kamen wir auf ihr politisches Engagement zu sprechen, und da sah sie nur noch Feinde. Daß ich seit meinem 18. Lebensjahr in der SPD bin, fand sie ja noch gut. Daß ich mir aber vorstellen könne, mit einer CDU- oder gar CSU-Wählerin verheiratet zu sein, ließ sie an meiner politischen Zuverlässigkeit und politischen Standfestigkeit zweifeln. Ab hier wurde es zäh.

»Ich habe mir angewöhnt, die Menschen nicht nach ihren Ansichten, sondern nach ihrem Charakter zu beurteilen«, sagte ich. »Eine CSU-Wählerin mit gutem Charakter ist mir lieber als ein böses Weib mit lupenreiner SPD-Gesinnung.«

Einen guten Charakter haben und CSU wählen, das gehe nicht, meinte Angela.

»Geht aber doch«, widersprach ich und erzählte von Peter und Ellen, einem befreundeten Zahnarzt-Ehepaar. »Sie wählen zwar nicht CSU, sondern nur FDP, dürfte aber auch schon entsetzlich genug für dich sein, aber noch viel entsetzlicher wäre es für dich, wenn du mit anhören würdest, was die politisch so von sich geben, etwa über die viel zu hohen Sozialleistungen für Arbeitnehmer.«

Anfangs, so fuhr ich fort, habe ich mich erbittert gestritten mit den beiden. »Dann merkte ich irgendwann, daß sie ganz anders sind, als sie reden. Nur zwei Beispiele: Die beiden haben eine Putzfrau. Sie kommt aus einem Heim für geistig Behinderte. Sie tut zwar ihre Arbeit, aber natürlich nicht so wie eine gesunde. Sie ist langsamer, sie macht Fehler, und man muß immer dabeisein und ihr alles sagen. Peter und Ellen lassen trotzdem nicht von ihr und zahlen ihr den üblichen Stundenlohn. Zweites Beispiel: Die beiden haben kürzlich mit ihrem gesamten Personal einen Türkei-Urlaub verbracht, völlig auf eigene Kosten. Da nehme ich es einfach nicht mehr ernst, wenn so jemand über unseren Sozialstaat lästert. Meinungen sind etwas Sekundäres. Das Primäre ist das Verhalten.«

So etwas nenne sie Paternalismus, wandte Angela ein.

»Wie du das nennst, ist mir Wurscht«, erwiderte ich, »wenn jedoch ein Arbeitgeber seine Angestellten besser behandelt als gesetzlich vorgeschrieben, dann zählt das. Und seine politischen Ansichten, die mir nicht passen, zählen nicht.«

Ich versuchte es noch mit einem Beispiel: »Ein aufrechter Konservativer ist mir lieber als ein Genosse, der dem Genossen die Genossin ausspannt.«

»So etwas soll bei Konservativen auch vorkommen«, sagte Angela.

»Ja, schon, bestreite ich ja gar nicht. Mir kann auch der Konservative gestohlen bleiben, der im Revier seiner Freunde wildert. Aber ich gebe zu: Dem Genossen nehme ich die Sache übler als dem Konservativen, denn der Konservative, der seinem Freund die Frau ausspannt, handelt ja nur in Übereinstimmung mit seiner Ansicht vom Recht des Stärkeren und bestätigt seinen Glauben an die Unverbesserlichkeit der Menschen. Die konservative Anthropologie läßt sich auf den Dreisatz eindampfen: Ein bißchen Sein, ein bißchen Schein und ziemlich viel Schwein. Kann ich einem Anhänger dieses Menschenbildes verübeln, daß er sich dem Bild gemäß verhält?

Der Genosse aber, der dem anderen die Frau ausspannt, verrät seine Ansichten über Solidarität und Brüderlichkeit und bestätigt die Berechtigung der konservativen Ansicht, daß die Menschen für den Sozialismus nicht geeignet sind.«

Angela führte jenes Argument ins Feld, mit dem sich bisher schon alle öffentlichen Prediger des Wassers rechtfertigten, wenn sie beim heimlichen Weintrinken ertappt wurden: Rote Betrüger (grüne Busengrapscher, fromme Lügner) seien auch nur Menschen.

»Ja«, bestätigte ich, »wir sind alle unverbesserliche Menschen. Wie die Konservativen sagen.«

Mit dieser Art von Diskussionen ging der erste Tag vorüber. Und am zweiten wurde es auch nicht besser, aber es störte uns nicht. Wir hatten beide von Anfang an das Gefühl: Es wird wahrscheinlich nichts, aber es könnte ganz amüsant sein. Genauso ist es gekommen. Wir verabschiedeten uns herzlich voneinander.

Ich freute mich auf Carmelita.

Aber Carmelita öffnete nicht. Ich stand herausgeputzt mit Blumen und einer Flasche Champagner in der Hand vor der Tür, klingelte mindestens fünfmal, aber nichts tat sich.

Ich ging zur nächsten Telefonzelle und wählte ihre Nummer. Niemand hob ab. Ich schaute auf meinen Kalender, und da stand Mittwoch, 20 Uhr, bei Carmelita.

Die hat mich versetzt, die hat ihren Termin mit mir verpennt. Ich habe es mir gleich gedacht, daß sie eine Schlampe ist.

Am nächsten Tag kam das Telegramm. Sie ist noch in Israel, hat länger gedauert als geplant. Freitags komme sie zurück. Gehe es am Wochenende?

Am Wochenende wird es nicht gehen. Das Wochenende werde ich zur Hälfte mit Susanne und zur Hälfte mit Corinna verbringen. Und nächstes Wochenende wird ebenfalls nicht gehen. Da bin ich in Paris. Also vielleicht nach Paris. Vielleicht auch nie mehr.

Kapitel 14

Ich reiste nach Paris. Zum ersten Mal in meinem Leben. Und als ich wieder zu Hause war, konnte ich mich an Paris nicht mehr erinnern, obwohl mich Petra, wie sie mir später versicherte, durch die ganze Stadt geschleift hatte.

Ich zweifle nicht, daß sie die Wahrheit spricht. Es gibt Fotos von uns beiden am Eiffelturm, im Centre Pompidou, auf dem Montparnasse, an den Champs-Élysées, auf der Wiese vor Montmartre, im Jardin de Luxembourg. Und ich erinnere mich auch dunkel, mit ihr im Louvre gewesen zu sein. Aber, was ich da gesehen habe – ich weiß es nicht mehr. Und in so einem Pavillon im Jardin du Luxembourg waren wir in einer Monet-Ausstellung. Oder war es Matisse? Oder Degas?

Ich weiß nur noch, daß Petra vor einem großen Garten-Bild heftig auf mich einredete und von diesem Bild schwärmte, während ich mit einem halben Ohr zuhörte, einsilbige Kommentare abgab und immer nur dachte: Die ist es, verdammt noch mal, die ist es. Diese Katzenaugen, dieser Mund, diese Rundungen, ihre Sprache, ihr Intellekt! Ob ich sie kriegen werde?

Und im Louvre dachte ich wahrscheinlich: Was will sie von mir? Was will sie mit einem Bauernbuben? Sie braucht einen Diplomaten, einen Manager, einen Politiker. Sie gehört in ein großes Haus mit Personal, in eine Villa, in ein Schloß.

Warum will ich sie und nicht die anderen? Wenn ich das begründen könnte, wäre die Partnerwahl ein rationales Geschäft. Ist es zwar auch, aber eben nicht nur. Da bleibt ein letzter entscheidender unaufklärbarer Rest.

Wir gingen ins Café Select. Sie erzählte mir von ihrer Familie, ich ihr von meiner. Die Unterschiede hätten größer nicht sein können. An Einzelheiten erinnere ich mich nicht mehr. Bis auf die Tatsache, daß ihr Vater der einzige Arzt weit und breit gewesen war, der nicht im Mercedes, sondern im Ford durch die Gegend fuhr und mit seiner Familie nicht, wie die anderen, im eigenen Haus, sondern zur Miete wohnte. Das hat mich beeindruckt.

Und dann erinnere ich mich noch, daß sie sagte, ihr Vater sei in Worms FDP-Stadtrat gewesen, die Mutter sitze für die FDP im Wormser Theaterausschuß, ihr Bruder sei SPD-Landtagsabgeordneter, ihr Onkel CDU-Bundestagsabgeordneter, und sie selber habe früher der extremen Linken nahegestanden, während der Willy-Brandt-Ära der SPD und neige derzeit eher zu den Grünen, und diese gesamte Bandbreite gefiel mir. Ich mußte an Angela denken. Nie und nimmer hätte sie so eine Familie akzeptiert.

Petra fragte mich nach meinen Erlebnissen mit den anderen Frauen, und ich erzählte ihr im Prinzip, wie es war und daß ich sie alle in guter und schöner Erinnerung behalten werde. Ich rollte alle Gespräche noch einmal auf, die ich mit den anderen geführt hatte und spann sie nun mit Petra weiter. In Einzelfragen lagen unsere Ansichten oft weit auseinander, im Grundsatz stimmten sie überein. Aber das war uns sowieso schon klar.

Petra wußte, daß ich mich am Wochenende zuvor mit Susanne und Corinna getroffen hatte, und fragte nun ganz direkt, wie es war. Ich hielt ihr einen Vortrag über Datenschutz, was Petra nur dazu animierte, mich mit weiteren Fragen zu bedrängen, so daß ich mich schließlich zu der Äußerung durchrang: »Die üppige Susanne hat tatsächlich alle Erwartungen erfüllt. Und die Befürchtungen auch.«

»Und wie war es mit deinem singenden, tanzenden Vamp Corinna?«

»Über Corinna nur so viel, was Karl Kraus einmal gesagt hat: ›Tänzerinnen haben die Sexualität in den Beinen, Tenöre im Kehlkopf. Darum täuschen sich die Frauen in den Tenören und die Männer in den Tänzerinnen.‹ Ich habe mich wohl in einer singenden Tänzerin getäuscht.«

Petra machte ein zufriedenes Gesicht. Im Verlauf des Gesprächs gingen wir zum Du über.

Kapitel 14.1

Zu Hause, in ihrem Studentenappartement im Maison Heinrich Heine, bewirtete sie mich mit einem Tomatensalat, der nach Maggi schmeckte, nach nichts anderem als nach Maggi. Ich lobte ihn, denn er war mit Liebe gemacht, und wir redeten weiter. Wir kamen auf unsere Vorstellungen von Ehe und Emanzipation zu sprechen, ein Thema, das uns schon in unseren Briefen stark beschäftigt hatte. Ich zückte ein Bändchen von Max Frisch und las ihr eine Stelle vor, auf die ich gestoßen war, als ich mich auf das Treffen mit der Frisch-Verehrerin Julia vorbereitete. Bei Julia hatte ich jedoch nichts gebrauchen können, was ich bei Frisch gelesen hatte. Jetzt bei Petra konnte ich Frisch brauchen.

Es war die Turandot-Stelle aus dem Roman »Die Schwierigen«, wo Frisch seinen Jürg Reinhart sagen läßt:

»Einmal, vor Jahrhunderten, kniete der Ritter und besang seine Frauen, immer ein scheinbar Bittender; seine Eifersucht, sein Geiz, sie schufen die hohen Begriffe einer weiblichen Ehre, die ihm diente, die auch die Frau schließlich annahm, annehmen mußte, da die Welt doch eine Männerwelt war!

Einmal sagte die Frau: Was kniest du vor mir, was bringst du mir Blumen und Schmuck, nur um dich selber auszustatten, deinen Besitz, deinen Genuß; daß ich ein Mensch bin, was kümmert es dich? ...

Die Frau, die ihren eigenen Beruf hat, sie will nicht an den Mann verkauft sein, gleich zu gleich, Mensch zu Mensch, die Frau als Kamerad: Was kam schon dabei heraus? Es war ein Männergedanke. Am Ende zeigt es sich als die größte Vergewaltigung der Frau, die einzige, die sie wirklich verletzte, weil man sie mit Zielen krönte, die nicht ihre waren, nicht ihre sind: man tat ihr die Gewalt an, sie von der Gewalt zu befreien, die ihre natürliche Sehnsucht ist – und die Ehen gingen in Massen zugrunde ...

Was hat sie davon, daß man sie anhört und ernst nimmt? Schließlich ist es sehr traurig, nur als Mensch dazusitzen. Ich gebe mich zu billig! kommt es ihr plötzlich. Angst vor der eroberten Freiheit, Angst, sie werde als Frau nicht mehr erkannt, seit sie zum Menschen ausgerufen wurde, Angst, weil der Mann nicht mehr befiehlt, sondern fragt, nicht mehr zwingt, sondern berät und ihr Rätsel anerkennt, so, daß sie fortan über ihrem eigenen Rätsel verzweifelt, den Mann nicht männlich mehr findet ...

Angst, dem Manne überlegen zu sein – das ist Turandot, die Prinzessin aus dem chinesischen Märchen, die die Männer enthauptet: aus Enttäuschung und Trauer, daß sie es vermag! aus Zorn, daß sie es überhaupt annehmen und sich allen Ernstes mit ihren weibischen Rätseln auseinandersetzen; keiner, der lacht und den Bann des feierlichen Hofes bricht, keiner, der kommt, der die sinnende Stirne mit dem drohenden Schwerte vertauscht und alles einfach niederhaut, raubt, was er will! Denn nicht enträtselt wollen sie sein, sondern geraubt.

Was soll die Frau mit ihrem befreiten Verstande – so, immer wieder, kommt ihr das große Erleben, das Entsetzen vor ihrem Wachsein, ihrem Alleinsein, ihrem Unbehütetsein! das verzweifelte Heimweh nach dem Herrn, dem lachenden Unterdrücker, der vor ihr kniet, dem wirklichen Mann – Sehnsucht nach der verlorenen Peitsche, Heimweh nach der Gewalt, die ihre tiefste Erfüllung ist und ihr heimlicher Sieg! ...«

»Welch gewaltiger sprachlicher Aufwand für den primitiven Uralt-Männer-Mythos von der Frau, die nur vergewaltigt werden will«, spottete Petra.

»Du kannst kein Körnchen Wahrheit darin finden?« fragte ich ganz ernsthaft.

»Das ist eine der größten neueren Infamien eines Mannes gegen die Emanzipation der Frau, das ist...«

»Es mag infam sein«, fiel ich ihr ins Wort, »aber es beschreibt die Realität, und nach 10000 Jahren Patriarchat wäre es geradezu ein Wunder, wenn es diese Realität nicht gäbe. Aber ich will nicht theoretisieren. Ich war mal mit einer Frau zusammen, der ich überlegen war, gegenüber der ich meine Überlegenheit aber nicht ausspielen wollte und gerade deshalb bei ihr verspielte.«

Auch dafür gebe es eine Stelle im nämlichen Roman von Max Frisch, sagte ich, und las vor: »Jede Frau, die von ihrem Geliebten nicht unterdrückt wird, leidet schließlich an der Angst, überlegen zu sein – an der Angst, daß er kein wirklicher Mann sei.«

»Für Frauen, die sich gerade unter erheblichen Anstrengungen bemühen, sich vom Joch einer 10000jährigen Herrschaft zu befeien, sind solche Sprüche zweifellos eine Provokation, sehe ich ein«, sagte ich, »aber abstrahiere bitte mal vom konkreten Mann-Frau-Verhältnis, verallgemeinere es auf das Verhältnis von Herr und Knecht, oder harmloser: von Führer und Geführtem. Glaubst du nicht, daß die Geführten es mit der Angst zu tun bekommen, wenn sie plötzlich nicht mehr geführt werden? Ich war, wie du weißt, Leutnant bei der Bundeswehr. Ich scheiterte kläglich bei dem Versuch, mit meinen Untergebenen wie mit vernünftigen Menschen umzugehen. Sie legten mir meinen Verzicht auf Herrschaftsmittel als Schwäche aus. Sie tanzten mir auf der Nase herum und rissen heimlich Witze.«

»Worauf willst du eigentlich hinaus?« fragte Petra.

»Sag mir bitte eins ganz ehrlich«, bat ich sie, »sag mir, ob du so eine Turandot bist? Bist du eine von diesen Scheinemanzipierten, die sich gerne wie eine Carmen aufführen, die vom Mann aufs Bett geworfen werden wollen, die vom Mann gezeigt bekommen wollen, wo's langgeht? Ich sage gleich dazu: Versuche nicht, mir einzureden, es handle sich nur um eine blöde Männerphantasie, ich weiß, daß es solche Frauen gibt. Ich habe nichts gegen sie. Es tun sich ja nicht nur wir Männer schwer mit der Befreiung der Frau. Auch ihr habt eure Probleme damit. Aber ich, ich will eine wirkliche Emanzipierte, ich kann keine Turandot brauchen. Es bereitete mir nicht nur keine Lust, sondern Widerwillen, eine Frau aufs Bett zu werfen, sie am Gängelband zu führen und ihr Bezwinger zu sein, und ich möchte dafür von ihr nicht insgeheim verachtet werden und sie nicht insgeheim verachten müssen.«

»Ich erstarre innerlich schon, wenn mich ein Mann nur etwas fester am Arm faßt. Und daß du keine Turandot willst, das nimmt mich sehr für dich ein.«

»Könntest du mit einem Mann zusammenleben, der einen halben Kopf kleiner wäre als du?« fragte ich.

»Sagen wir: wenn ich einen halben Kopf größer wäre, das würde mich nicht stören. Mit einem kleinen Mann hätte ich Probleme. Übrigens auch mit Riesen. Ein Schrank von einem Mann strahlt allein schon wegen seiner Körpergröße so etwas wie physische Gewalt für mich aus. Dies nur als Ergänzung zu deinem Verdacht, wir Frauen sehnten uns nach nichts so sehr wie nach dem gewalttätigen Unterdrücker.«

»Gehen wir essen«, sagte ich zufrieden.

Kapitel 14.2

»Ich will dir ja keine Frisch-Vorlesung halten, aber ich muß nochmals auf Frisch und seinen Roman ›Die Schwierigen‹ zurückkommen, danach höre ich damit auf«, sagte ich bei Tisch, als wir über das aberwitzige Vorhaben der ›Ehe in unserer Zeit‹ redeten, »aber dieser Roman ist wirklich eine Fundgrube. Es gibt da eine Stelle, wo Frisch darüber sinniert, unter welchen Voraussetzungen die Ehe möglich sei, und er zählt auf: sobald man nichts Unmögliches von der Ehe fordere, sobald man über den Wahn hinauswachse, man könne sich verstehen, müsse sich verstehen; sobald man aufhöre, die Ehe anzusehen als ein Mittel gegen die Einsamkeit; sobald man ein Gefühl davon gewinne, daß die Ehe einfach ein Dienst sei, ein Verfahren fürs tägliche Leben.«

»So sehe ich das eigentlich auch«, schloß ich, »und du, wie siehst du das?«

»Was Frisch da schreibt, hast du ja auch schon in deiner Anzeige anklingen lassen, wo es hieß, du sähest in der Ehe einen Dienst, den man einander erweist. Das gefiel mir, das war einer der Gründe, warum ich dir damals antwortete.«

»Wie stellst du dir denn so eine ideale Ehe der gegenseitigen Dienstbarkeit vor?« fragte ich Petra.

»Das ist mir eine zu abstrakte Frage. Frag mich konkreter.«

»Gut«, sagte ich, »in der traditionellen Ehe gibt es die klassische Rollenverteilung, und es ist klar, wer der Mann und wer die Frau ist. Eine traditionelle Ehe wollen wir nicht mehr führen, du nicht, ich nicht, und viele andere aus unserer Generation auch nicht. Also muß jedes Paar die Rollenverteilung ganz neu und ganz individuell für sich festlegen. Ich sage dir jetzt einfach mal, wie ich mir das bei uns beiden vorstellen könnte.«

»Jetzt bin ich aber gespannt.«

»Also hör zu: Im Bett bin *ich* der Mann, das wollen wir mal aus den alten Zeiten in die neue Zeit mit hineinnehmen. Aber im Restaurant...«

»... Was soll das denn heißen?« rief Petra aus, »sagtest du nicht vor wenigen Minuten, du möchtest keine Turandot? Und jetzt kommst du auf einmal mit so Sprüchen, wie ›im Bett bin ich der Mann‹?«

»Moment, ich sagte ja ›Mann‹. ›Mann‹ ist nicht ›Hirsch‹. ›Mann‹ steht für Zärtlichkeit und liebevolles Bettgeflüster und so weiter, aber es bleibt trotzdem ein Mann, und damit wollte ich nur verheißen, daß du es nicht gerade mit einem etwas triebschwachen Mann oder gar einem Kastraten zu tun bekommst. Weitere Einzelheiten will ich mir jetzt sparen, denn ich kann dir ja später alles zeigen. Also noch einmal: Im Bett bin ich der Mann und im Restaurant bist du der Mann. Du bestellst und probierst den Wein, denn du hast die feinere Zunge. Du lachst den Kellner aus, wenn er für dich eine Karte ohne Preise bringt. Und du reklamierst, wie vorhin, wenn der Wein zu warm, das Essen zu kalt, der Service nachlässig und die Rechnung nicht korrekt ist. Zahlen tun wir abwechselnd.«

»Warum soll denn immer nur *ich* reklamieren?«

»Weil ich das niemals so selbstbewußt und weltmännisch könnte, wie du das eben vorgeführt hast. Aber hör mir bitte weiter zu. Bei Autos und Möbeln bin ich für die traditionelle Lösung. Ich entscheide über den Kauf des Autos, sorge für die polizeiliche Anmeldung, putze, wasche, repariere es und fahre es zur Inspektion und zum TÜV. Du entscheidest beim Möbelkauf, richtest die Wohnung ein und kümmerst dich um die Handwerker.

Im Haushalt bin ich die Frau, und du auch. Nachdem ich vorhin deinen abscheulichen Maggisalat genossen habe, schlage ich vor: Ich koche, du räumst die Spülmaschine ein. Ich kaufe ein, du machst die Betten. Ich repariere, was kaputtgeht, du wäschst die Wäsche. Fürs Putzen ist uns beiden die Zeit zu schade, da engagieren wir uns jemanden. Insgesamt kümmerst du dich ein bißchen mehr um den Haushalt. Dafür kümmere ich mich im Frühjahr, Sommer und Herbst um den Garten.

Auf Parties, in Gesellschaft stehst du im Mittelpunkt. Mich beachtet kein Schwein. Stört mich aber nicht, denn wir gehen höchst selten zu Parties und bevorzugen Unterhaltungen und echte Gespräche im kleinen Kreis. Wenn wir aber auf so eine Party müssen, sollen die anderen Männer denken, was ich auch schon oft gedacht habe, wenn ein Superweib mit einem unscheinbaren Männchen daherkommt und dennoch glaubhaft den Eindruck erweckt, ihm treu und liebevoll ergeben zu sein: Was die bloß an dem findet? Geld hat er nicht, Macht hat er nicht, Sex-Appeal hat er nicht, ein Beau ist er nicht, aber er hockt da mit der Unerschütterlichkeit des Felsens von Gibraltar und ist sich seiner Frau so sicher wie ein Scheich – was mag wohl das Geheimnis dieses Mannes sein? Genauso möchte ich es haben.

Bekommen wir Gäste, machst du den small talk, du plauderst, erzählst, unterhältst, und ich schenke den Wein nach und bin meinen Gästen ein bewundernder Zuhörer. Beide hören wir gern den Erzählungen anderer zu und bekunden unser Interesse, indem wir die anderen ausfragen, auch wenn sie uns gar nicht interessieren. Hinterher echauffieren wir uns dann über die Leute, die pausenlos von sich erzählen, obwohl sie genauso miserable Erzähler sind wie ich, und über die Leute, die sich willig zu ihrer Person befragen lassen, aber selbst nie auf die Idee kommen, auch einmal nach uns zu fragen.

Bei den Entscheidungen über die großen und kleinen Fragen der Welt, der Wahrheit und des Lebens wollen wir es so halten, daß du über die kleinen Fragen entscheidest und ich über die großen. Das tut dir nicht weh, denn meistens sind wir uns in den großen Fragen sowieso einig, und wenn einmal nicht, dann trösten wir uns mit Niels Bohr, dem Entdecker der Komplementarität des Widersprüchlichen, der einmal gesagt hat, das Kennzeichen einer tiefen Wahrheit sei, daß ihr Gegenteil ebenfalls wieder wahr sei.

Was hältst du von solch einer Ehe?«

»Bis auf die Sache mit den großen Fragen bin ich tief beeindruckt«, sagte sie.

»Das mit den großen Fragen stört dich nur, weil du nicht weißt, wie ich das mit Niels Bohr gemeint habe. Wahrscheinlich kennst du ihn nicht einmal.«

Sie schwieg.

»Hab' ich mir gleich gedacht«, sagte ich, »das ist die typische Ignoranz des Bildungsdünkels gegenüber der Naturwissenschaft, also paß auf: Niels Bohr ist der Erfinder des Atommodells. Er hat als erster das Atom mit einem Sonnensystem im Kleinen verglichen, innen ein schwerer ruhender Atomkern, außenrum sausen die kleinen, leichten Elektronen wie die Planeten um die Sonne.

Aber das nur nebenbei, zur Komplettierung deiner Bildung. Bohr hat auch das Weltbild der Physik und in gewissem Sinne auch das der Logik und Philosophie revolutioniert, indem er den Elementarteilchen im Atom, also den Protonen, Neutronen und Elektronen – und jetzt kommt's – zwei einander ausschließende Eigenschaften zuschrieb. Er sagte, das Elektron sei eine Welle und ein Teilchen zugleich. Das ist so, wie wenn ich sagen würde, du seist schwanger und nichtschwanger zugleich. Widerspricht unserem Verstand, aber im Atom geht es tatsächlich so zu. Etwas ist hundertprozentig wahr, aber das Gegenteil ist es auch. Das nannte Bohr Komplementarität.

Da du, wie ich dir nun eindrucksvoll demonstriert habe, von den großen Fragen des Mikro- und des Makrokosmos wirklich nichts verstehst, solltest du also damit leben können, daß ich hier die Entscheidungen fälle. Kannst du?«

»Wenn du unter den großen Fragen das Problem der Elementarteilchen verstehst, dann kann ich damit leben.«

»Wenn du damit leben kannst, warum lebst du dann nicht mit mir? Warum heiratest du mich eigentlich nicht?« fragte ich.

»Du hast mich ja noch nie gefragt.«

»Ach so, also gut, dann frage ich dich, Petra Gerster, willst du die meine werden, sogleich, für immer, und bis in den Tod?«

»Sogleich, für immer, und bis in den Tod.«

»Gleich ab morgen früh?«

»Warum erst ab morgen früh?«

»Jetzt treiben wir ja keinen Standesbeamten mehr auf.«

»Auch wieder wahr, daran dachte ich gar nicht. Gut, dann ab morgen früh.«

»Dann nimm dein Glas und stoße mit mir darauf an.«

Wir stießen an.
»Jetzt müssen wir uns eigentlich küssen«, sagte ich.
»Hier? Mitten im Lokal? Vor allen Leuten? Laß uns gehen«, sagte sie.
»Nach Hause?«
»Ans Ufer der Seine.«

Kapitel 14.3

»Eine Kleinigkeit wäre noch zu klären«, sagte sie, als wir in der Nacht zur Seine spazierten. »Ich habe vor vielen Jahren beschlossen, nur einen Mann zu heiraten, der meinen Namen annimmt.«
»Wieso willst du dich denn nicht mit mir auf einen Doppelnamen einigen?«
»Erstens finde ich diese Doppelnamen-Manie allmählich lächerlich, und zweitens stört mich, daß es immer die Frau ist, die den Doppelnamen annimmt, niemals der Mann. Also, was ist, willst du künftig Gerster heißen?«
»Dein Überdruß am Doppelnamensyndrom leuchtet mir ein. Neulich sah ich im Fernsehen eine feministische Linguistin, die hieß Senta Trömel-Ploetz, und eine Pfarrerin, die hieß Oda-Gebbine Holze-Stäblein. Selbst Loriot hätte Mühe, so etwas zu erfinden. Du siehst, ich teile deine Abneigung gegen die Doppelnamen-Pest. Aber wenn wir jetzt auf einmal hießen wie ihr, dann wäre ja die Sache einfach nur rumgedreht. Das bedeutete nicht Gleichberechtigung, sondern Umkehrung der Machtverhältnisse.«
»Das bundesdeutsche Namensrecht zwingt uns leider, sich für die eine oder die andere Herrschaft zu entscheiden. Gleichberechtigung, also das Recht für beide, seinen Namen zu behalten, ist im Gesetz nicht vorgesehen. Du kannst ja mit mir dafür kämpfen, daß es anders wird.«
»Kämpfen wir.«
»Aber bis dahin wirst du dich erst einmal entscheiden müssen, und ich finde, da bisher ihr Männer das Vorrecht hattet, eure

Namen zu behalten, stünde es euch gut an, vorläufig auf dieses Privileg zu verzichten. Bis wir unseren Kampf gewonnen haben. Dann könnt ihr wieder heißen, wie ihr wollt. Aber jetzt setzt ein Zeichen, nehmt unsere Namen an.«

»Es sei gesetzt, ich werde Gerster heißen.«

»Übertreib's nicht gleich, Nürnberger-Gerster reicht mir auch schon.«

»Nürnberger-Gerster, klingt lang und umständlich, aber einverstanden«, sagte ich und legte zum erstenmal den Arm um sie.

»Im Ernst und wahrhaftig?«

»Im Ernst«, sagte ich.

Sie schwieg eine Weile zufrieden, und ich war entschlossen, nun Nägel mit Köpfen zu machen. Darum vergewisserte ich mich: »So steht einer Heirat nichts mehr im Wege?«

»Nichts mehr«, sagte sie, »das heißt, eine Kleinigkeit gäbe es noch: Heute warst du ja sehr gesprächig, aber wenn du in der Regel eher schweigsam bist, wie du selber von dir sagst und wie du neulich am Telefon auch bewiesen hast, wird mir die Zweisamkeit mit dir wahrscheinlich ein wenig zu still. Darum will ich nicht nur Kinder, sondern auch einen Hund.«

»Ich hatte noch nie einen Hund, ich hatte immer nur Katzen, darum wäre mir ein Kater lieber. Aber meinetwegen: Die Dame mit dem Hündchen nehme ich auch. Sind jetzt endlich alle Bedingungen erfüllt?«

»Ich sehe nichts, worauf ich jetzt noch pochen sollte«, sagte sie. »Unsere Hochzeit ist hiermit beschlossen.«

Wir waren schon eine ganze Zeit an der Seine entlangspaziert, als sie das sagte und ich antwortete: »Jetzt müssen wir uns aber endgültig küssen.«

Sanft plätscherte die Seine ans Ufer. Der Mond schien hell und spiegelte sich im Wasser. Lau fächelte der Frühlingswind um Petras Haar, wehte uns von ferne die Musettewalzerklänge eines Akkordeons zu und den Duft von Jasmin. Ich küßte sie. Sie küßte mich.

»Sollten wir nicht langsam nach Hause gehen?« fragte ich.

»Jetzt schon?« fragte sie zurück.

»Ich wollte dir doch noch zeigen, was ein Mann so tut.«

»Ich habe durchaus Augenblicke, in denen ich eine Lady bin, mein Lieber.«

»Das bist du doch schon die ganze Zeit. Gehen solche Augenblicke denn nie zu Ende?« fragte ich.

»Du wirst es erwarten können.«

Ich küßte sie. Sie küßte mich. Dezente Versuche, den Zustand einer Lady etwas zu verkürzen, erstickte sie dezent im Keim. Voll der klassischen Bildung sprach ich: »Wer, wenn er den Kuß genommen, nicht auch noch anderes hinzunimmt, ist unwürdig der erhaltenen Gunst. Sagte einst Ovid.«

»Wer von mir auch noch anderes will, muß mich schon ganz wollen, sonst kriegt er gar nichts. Sage ich dir jetzt.«

»Aber darüber sprachen wir doch schon. Das ist doch längst geklärt.«

»War es denn wirklich dein Ernst?« fragte sie.

»Sag mir erst, wie ernst du es gemeint hast.«

»Vorhin, im Lokal, da war es halb Ernst und halb Spiel. Aber wenn du mir jetzt sagst, daß du dich auf die Sache mit dem Namen wirklich einlassen willst, dann wird es ernst.«

»Ist dir das denn so wichtig?«

»Ja.«

»Dann sei es dir versprochen; Namen sind Schall und Rauch.«

»Aber nicht für die Männer, mit denen ich darüber sprach.«

»Die meisten meiner Geschlechtsgenossen sind ein wenig zurückgeblieben. Ihr Reptilienhirn ist noch ziemlich stark ausgebildet.«

Sie küßte mich. Ich küßte sie. Ich fragte sie: »Alle Bedenken ausgeräumt?«

»Und ein Hündlein kriege ich auch?«

»Kriegst du.«

»Alle Bedenken ausgeräumt.«

Ich nahm sie in die Arme, schaute ihr in die Augen und sagte: »Dann frage ich dich noch einmal, diesmal aber mit heiligem Ernst: Willst du die First Lady meines Lebens sein?«

»Ich will, Mylord.«

Unterhaltsame Literatur

Eine Auswahl

Robert Alley
Der letzte Tango in Paris
Roman. Band 8080

Frank Baer
Die Magermilchbande
Mai 1945: Fünf Kinder auf der Flucht nach Hause
Roman. Band 5167

Stefan Békeffy
Der Hund, der Herr Bozzi hieß
Roman. Band 8305

Martin Bettinger
Der Himmel ist einssiebzig groß
Roman. Band 7573

Roger Borniche
Elf Uhr nachts
Roman. Band 8354
Schach und matt
Roman. Band 8355

Thomas C. Breuer
Huren, Hänger und Hanutas
Roman. Band 8365

Pearl S. Buck
Ein angenehmer Abend
Erzählungen
Band 8330
Die Frau, die sich wandelt
Roman. Band 8329
Wie Götter werden
Roman. Band 8334
Zurück in den Himmel
Erzählungen
Band 8336

Charles Bukowski
Die Ochsentour
Bukowski auf Deutschland Tournee
Band 5255
Das Leben und Sterben im Uncle Sam Hotel
Stories. Band 10479
Schlechte Verlierer
Stories. Band 10482

Peter Butschkow
Grufties
Der alte Mensch ab dreißig
Cartoons. Band 8273
Mamas & Papas um Jahre geeltert
Cartoons. Band 8292
Matschoo!!
Cartoons. Band 8214

Fischer Taschenbuch Verlag

fi 1220/2a

Unterhaltsame Literatur

Eine Auswahl

Martine Carton

Hera und Die Monetenkratzer
Roman
Band 8141

Medusa und Die grünen Witwen
Roman
Band 8023

Nofretete und Die Reisenden einer Kreuzfahrt
Roman
Band 8038

Gabriel Chevallier
Clochemerle
Roman
Band 1190

Dagmar Chidolue
Bist du irre?
Roman
Band 7527

John Cleland
Die Memoiren der Fanny Hill
Band 1530

Anthea Cohen

Carmichaels kleine Listen
Band 8312

Engel tötet man nicht
Band 8209

Tatmotiv Liebe
Band 8270

Wilkie Collins

Die Frau in Weiß
Roman. Band 8227

Der rote Schal
Roman. Band 1993

Lucilla
Roman. Band 8135

Quentin Crisp
Crisperanto
Aus dem Leben eines englischen Exzentrikers
Band 9362

John Crowley
Little Big oder Das Parlament der Feen
Band 8307

Maurice Druon

Die Wölfin von Frankreich
Roman
Band 8164

Lilie und Löwe
Roman
Band 8165

Ein König verliert sein Land
Roman
Band 8166

Fischer Taschenbuch Verlag

fi 1220/2b

Unterhaltsame Literatur

Eine Auswahl

Dummdeutsch
Ein satirisch-polemisches Wörterbuch. Eckhard Henscheid, Carl Lierow, Elsemarie Maletzke und Chlodwig Poth (Hg.)
Band 7583

Werner J. Egli
Die Nacht, als der Kojote schwieg
Der Roman vom Untergang der Apachen
Band 8279

Stanley Ellin
Die geordnete Welt des Mr. Appleby
Kriminalstories
Band 8286

Der Tag der Kugel
Kriminalstories
Band 8295

Stanley Ellin
Tod am Weihnachtsabend
Kriminalstories
Band 8267

Iring Fetscher
Der Nulltarif der Wichtelmänner
Märchen – u.a. Verwirrspiele
Band 5806

Wer hat Dornröschen wachgeküßt?
Das Märchen-Verwirrbuch
Band 1446

Klaus Fröba
Wölfe in Blinding
Band 8293

Catherine Gaskin
Alles andere ist Torheit
Roman. Band 8244

Denn das Leben ist Liebe
Roman. Band 2513

Der Fall Devlin
Roman. Band 2511

Die englische Erbschaft
Roman. Band 2408

Das grünäugige Mädchen
Roman. Band 1957

Im Schatten ihrer Männer
Roman. Band 8245

Wie Sand am Meer
Roman. Band 2435

Fischer Taschenbuch Verlag

fi 1220/2c